语文行天下

寻味舌尖忆时光
笑看一花一世界
少年仗剑走天涯

沈兆钧 傅卫莉 主编

浙江工商大学出版社
ZHEJIANG GONGSHANG UNIVERSITY PRESS 杭州

图书在版编目(CIP)数据

语文行天下 / 沈兆钧,傅卫莉主编. —杭州:浙江工商大学出版社,2020.5

ISBN 978-7-5178-3770-1

Ⅰ．①语… Ⅱ．①沈… ②傅… Ⅲ．①语文课—中等专业学校—教学参考资料 Ⅳ．①G634.303

中国版本图书馆 CIP 数据核字(2020)第037911号

语文行天下
YUWEN XING TIANXIA

沈兆钧　傅卫莉　主编

责任编辑	厉　勇
封面设计	林朦朦
责任印制	包建辉
出版发行	浙江工商大学出版社
	(杭州市教工路198号　邮政编码310012)
	(E-mail:zjgsupress@163.com)
	(网址:http://www.zjgsupress.com)
	电话:0571-88904980,88831806(传真)
排　　版	杭州朝曦图文设计有限公司
印　　刷	浙江全能工艺美术印刷有限公司
开　　本	787mm×1092mm　1/16
印　　张	7.75
字　　数	155千
版 印 次	2020年5月第1版　2020年5月第1次印刷
书　　号	ISBN 978-7-5178-3770-1
定　　价	23.00元

编 委 会

主　编：沈兆钧　傅卫莉

副主编：徐雪瑾　杨　赟　单萍萍

编　者：鲍　艳　陈　英　陈霞芳　盛秋妃　吴　舞

　　　　　孙丹荔　章云娟　杨　玲

说到语文,我们的同学心里可能会纳闷:"语文是一门多么无趣的学科,老师总是站在讲台上从头讲到尾,而我的心早已和窗外的小鸟一起在枝头雀跃。"或许,你会耸耸肩,无奈地抱怨:"天哪,语文课,从小我就害怕语文课,尤其是写作文,语文课对于我来说就是最熟悉的陌生人。"或许,还有同学会跟老师犯嘀咕:"老师,你说的语文是什么玩意儿,是试卷上的那一篇篇阅读,是那一写就要六七百字的作文题吧。"

　　那么,语文究竟是什么玩意儿呢? 其实,在这本非主流的语文读本中,编者就想告诉大家,语文到底是什么?

　　语文,是舌尖上的一道道美食记忆。在那个"饥肠辘辘"的上午,有一种回味叫第四节课,当语文课本中的美食从字里行间跳出来拨动我们的味蕾,侵占我们的大脑,挑起我们的食欲的时候,当最后那道心理防线崩溃的时候,那些原本朴实无华的食物,成了我们最可望而不可即的美食,一时之间"口水与眼泪齐飞"。

　　语文,是断墙根下的那一声蛐蛐叫。那是一只穿越千年的蟋蟀,钢翅响拍着金风在文字间睥睨。在《诗经》里面我们听到过它的"嗨歌",在《古诗十九首》中我们寻到过它的"同款",它是《聊斋》里那头斗败公鸡的"神兽",它是迅哥养在百草园里的"萌宠"。风过茶蕊,沙沙、沙沙,我要带你到自然的家里去,在深山的驿道边,在长城的烽台上,在旅馆的天井中,在战场的野草间,听它们从古唱到今。

　　语文,是远涉江湖的一个神怪传说。渴望17岁出门远行,那是少年的心事呵——曾梦想仗剑走天涯,看一看世界的繁华。或许我们永远没有机会驾龙御风,但我们的心总是天马行空。让我们与庄子来一场"相忘江湖"的逍遥之游,一起为《水经注》的传说打榜,为《山海经》的异兽排行,在神秘幽远的青丘之地,千年之狐的灵魂不会永远漂泊;在灼灼其华的十里桃林,总有一场浪漫的邂逅惹人心醉。我们用行走感悟,用思想丈量,我们遇到的每一条河流、每一座高山、每一座城市,都曾经是光怪陆离的神话故乡,叱咤风云的历史舞台,演出过

无数悲欢离合的感人传奇。

　　语文,其实就是语文,脑中的是想象,说出的是话语,写下的是文字,表达的是人生,传递的是真情,照亮的是心灵……仔细读读这本有趣有味有料的语文读本吧,或许你对语文就会有不一样的认识。同学们,让我们静静阅读,仔细揣摩,解得其中味,生命乐趣多!

编　者

2019年11月

目录

第一章　饮食文化——寻味舌尖忆时光 / 1

❀活动一　此情可待成追忆

　　　　——那些年语文课本中的诱人美食 / 4

❀活动二　寻找"舌尖上的名人"

　　　　——名人与名菜的亲密邂逅 / 11

❀活动三　刀光剑影里的食色天下

　　　　——那些江湖中的美食和有趣的菜名 / 17

❀活动四　一语茶香染流年

　　　　——人与茶的那些事儿 / 23

❀活动五　酒入豪肠诗芬芳

　　　　——说说唐诗中的酒文化 / 33

第二章　民俗文化——笑看一花一世界 / 41

❀活动一　昆虫总动员

　　　　——"玩虫"是一种文化 / 44

❀活动二　萌宠也有范

　　　　——金鱼与中国传统文化 / 51

❀活动三　传统游戏与民俗

　　　　——那些年我们一起玩过的游戏 / 58

❖ 活动四　名花倾国两相欢

　　　　——中国名花排行榜 / 66

❖ 活动五　野菜是春天的第一阵颤抖

　　　　——绍兴挖野菜指南 / 73

第三章　地理文化——少年仗剑走天涯 / 81

❖ 活动一　水经山疏不离身,河流传说留千古

　　　　——宇宙未有之奇书《水经注》/ 84

❖ 活动二　怪物也疯狂

　　　　——走进光怪陆离的《山海经》/ 90

❖ 活动三　在山峦峭崖间品一段江湖事

　　　　——跟着金庸走遍武侠名山 / 96

❖ 活动四　来一场穿越时空的旅行

　　　　——唐僧带我游西域 / 102

❖ 活动五　那一座城,那一段传奇

　　　　——跟着传说游绍兴 / 110

第一章　饮食文化

——寻味舌尖忆时光

寻味舌尖忆时光

小时候乡愁是嘴上的一抹油渍

离家后乡愁是妈妈烧的家常菜

长大后乡愁是舌尖味蕾的思念

绵延在时间里的故乡味

氤氲在生活中的食文化

融化成桌上的一碗浓浓乡愁

味蕾的一声悠长叹息

美食对于中国人，似乎总是凝结了精神和感官上的双重享受——古朴的食材承载着血亲之间的互相关联。它承载的不仅是味蕾上的享受与刺激，更是灵魂深处的荡涤和牵引。虽然地域的辽阔造就了各地饮食的差异。但即便差异再大，饮食中也有一种味道是相似的。乡音跟味觉，就代表故乡的味道，总是熟悉而顽固。

工作在外，不能常伴父母身边，最本真的感受即是思亲、念家，就会常想起家里的一碗饭、一桌菜，泛起的乡愁，在舌尖酝酿。这些感受与经验，在作家那里写成了文字，在诗人那里吟成了诗，在妈妈那里变成了唠叨，煮成了饭，炒成了菜。父母朝九晚五，餐风饮露，为的不过是一家人能吃饱穿暖，能好吃好喝一顿，能安逸舒适地睡上一觉。

滚烫而粗糙的甜蜜，储存在心底的思念和期盼，简简单单的美食，纯纯粹粹的世间真情。美味之所以值得回味，只是因了那一饭一粥皆由满满的温情和爱意慢慢熬煮煨炖，用一生的时光盛好等待。

最珍贵的等待，也许就是餐桌上另一副碗筷的归属吧。

活动一 此情可待成追忆
——那些年语文课本中的诱人美食

一、开讲啦

那些年，一直有一个理由让迷糊老师对语文课本中的"美食"念念不忘，尤其是那个"饥肠辘辘"的上午，第四节课，当这些美食从字里行间跳出来挑逗我们的味蕾，侵占我们的大脑，挑起我们食欲的时候，最后的那道心理防线崩溃了。那些原本朴实无华的食物，成了我们最可望而不可即的美食，一时之间"口水与眼泪齐飞"。好吧，下面就请大家跟着迷糊老师来一场说走就走的美食之旅吧，扒一扒那些年语文课本中让人流口水的美食。

二、活动项目

寻找语文课本中的美食：不知是因为爱上一篇课文才爱上潜藏在课文中的那道美食，还是因为爱上那道美食才会爱上那篇课文，白菜馅饺子、高邮咸鸭蛋、罗汉豆、酱牛肉、六月荔枝丹、烤过的薄饼……你还记得语文课本中的那些美食吗？让我们一起行动起来，找一找、评一评语文课本中的美食吧。

三、审美广角镜

语文课本美食排行榜之荠菜——张洁《挖荠菜》

最好吃的是荠菜。把它下在玉米糊糊里，再放上点盐花，真是无上的美味啊！嫩生生的荠菜，在微风中挥动它们绿色的手掌，招呼我，欢迎我……漫不经心地挑起几根用精盐、麻油、味精、白糖精心调配好的荠菜……

迷糊老师点评：老师领读的时候，我都闻到了香味儿……这是一篇自带味道的课文。荠菜是舌尖上春天的使者。"春在溪头荠菜花"，当桃李愁风雨的时候，溪头的荠菜已经长出。荠菜的可贵之处还在于鲜香。蔬菜中最理想的菜馅便是荠菜，它散发的阵阵清香是其他蔬菜所难以相比的。以荠菜命名的菜都好吃，连名字也透着清香。把荠菜和豆腐、冬笋一起切碎，包在春卷皮子里做成素春卷，仿佛把春天包了进去。

> 经典指数：五星　　美味指数：二星　　推荐指数：三星

语文课本美食排行榜之茴香豆——鲁迅《孔乙己》

他便给他们茴香豆吃，一人一颗。孩子吃完豆，仍然不散，眼睛都望着碟子。孔乙己着了慌，伸开五指将碟子罩住，弯腰下去说道，"不多了，我已经不多了。"直起身又看一看豆，自己摇头说，"不多不多！多乎哉？不多也。"

茴香豆

🌱**迷糊老师点评**：茴香豆是鲁迅小说中的招牌美食，孔乙己用他的语言和动作告诉我们茴香豆有多美味，以至于让小伙伴们对咸亨酒店有了无限的向往，并把它列入了一生一定要去一次的地方。站在咸亨酒店的柜台前，温一碗热气腾腾的黄酒，要一碟茴香豆，用手指蘸着黄酒告诉店小二"茴"字有三种写法，哈哈，我也成了上大人"孔乙己"了。后来的后来，我终于去了咸亨酒店，点了一碟茴香豆，硬硬的，有点硌牙，端起一碗黄酒一饮而尽，没想到晕晕乎乎，腾云驾雾。看来，距离产生美，课本中的美食才是名副其实的美食。

> 经典指数：五星　　美味指数：三星　　推荐指数：四星

语文课本美食排行榜之臭豆腐——汪曾祺《胡同文化》

北京人易于满足，他们对生活的物质要求不高。有窝头，就知足了。大腌萝卜，就不错。小酱萝卜，那还有什么说的。臭豆腐滴几滴香油，可以待姑奶奶。虾米皮熬白菜，嘿！

臭豆腐

🌱**迷糊老师点评**：说到臭豆腐，我想到了绍兴著名的传统小吃油炸臭豆腐，只见那些灰不溜秋、其貌不扬的臭豆腐，被放进滚烫的油锅里，顷刻间就脱胎换骨，被炸得通体金黄，滋滋地冒着油星，蘸上甜酱咬上一口、松脆可口、香气四溢、回味无穷。但是，北京人自有他们吃臭豆腐的方法，豆腐切成小块，稍加晾晒，寻得一口小缸，用盐腌起来。之后打开缸盖，一股臭气扑鼻而来，取出一看，豆腐已呈灰色，用口尝试，觉得臭味之余却蕴藏着一股浓郁的香气，连慈禧太后在秋末冬初也喜欢吃它。但是这还不够，在臭豆腐上滴几滴香油，那真是回味无穷啊！注意，老师说了，只能用"滴"，"滴"比"淋"好。真正的美食讲究的不仅是味道，更是神韵，那些语言大师笔下的美食，不仅能调动我们的感官，更能让我们如尝其味，如临其境。

> 经典指数：五星　　美味指数：四星　　推荐指数：四星

语文课本美食排行榜之白菜馅饺子——莫言《卖白菜》

白菜馅饺子

"我们种了一百零四棵白菜,卖了一百零一棵,只剩下这三棵了……说好了留着过年的,说好了留着过年包饺子的……"我哽咽着说。

🌱**迷糊老师点评**:过年能吃上白菜馅的饺子,这是社斗一家人一年来最美好的愿望,但是生活的窘困容不得他们这样一丝微薄的愿望,白菜馅饺子这道美食成了莫言对苦难生活最深刻的解读,就连莫言自己也说:"回到家里最想吃的是白菜猪肉馅饺子。"所谓美食,它是特定时间和空间里的特殊味道,就像我们现在吃冰糖葫芦,总吃不出童年欢快的味道,记忆可以延续,但是美味不能复制,我们无法深刻体会莫言童年的苦难,当然也无法体会白菜馅饺子究竟有多美味。作为南方人,是铁打的汤圆派和肉粽派,但是读到这段时,还是很想尝一下白菜馅饺子的。

经典指数:五星　　美味指数:四星　　推荐指数:五星

语文课本美食排行榜之荔枝丹——贾祖璋《南州六月荔枝丹》

荔枝

荔枝不耐贮藏,正如白居易说的:"一日而色变,二日而香变,三日而味变,四五日外,色香味尽去矣。"现经研究证实,温度保持在1℃到5℃,可贮藏三十天左右。

🌱**迷糊老师点评**:虽然出生在江南,但小时候根本吃不到新鲜的荔枝。学这篇课文,看到"一日而色变,二日而香变,三日而味变,四五日外,色香味尽去矣",整个人都很悲伤。按我家那地方算,我吃的荔枝就属于"色香味尽去矣"的那种;可是,那也很好吃了啊!小时候最大的希望就是去荔枝原产地,爬到荔枝树上吃荔枝!

经典指数:五星　　美味指数:四星　　推荐指数:五星

语文课本美食排行榜之香油和鸡蛋——杨绛《老王》

老王

他"嗯"了一声,直着脚往里走,对我伸出两手。他一手提着个瓶子,一手提着一包东西。

我忙去接。瓶子里是香油,包裹里是鸡蛋。我记不清是十个还是二十个,因为在我记忆里多得数不完。我也记不起他是怎么说的,反正意思很明白,那是他送我们的。

我强笑说："老王，这么新鲜的大鸡蛋，都给我们吃？"

他只说："我不吃。"

我谢了他的好香油，谢了他的大鸡蛋，然后转身进屋去。他赶忙止住我说："我不是要钱。"

🌱**迷糊老师点评**：香油和鸡蛋中满是老王对我们一家的感激之情。"不吃"，是因为要送给我们家，体现了老王的知恩图报；最后收了钱，是怕"我"托人给他送钱，给"我"添麻烦，体现了老王的善解人意。

> **经典指数：五星　　　美味指数：四星　　　推荐指数：四星**

四、思维大转盘

1. 找一找我们的语文课本中还有哪些诱人的美食。

2. 给这些诱人的美食排一排顺序，并说说排序的理由。

3. 搜索与美食相关的典故（美食故事）、地理（美食中国，各地方的代表美食）、历史（历史上的著名宴会）、人文（传统节日与美食），可以声情并茂地进行讲述，可以制作PPT，可以用音乐形式表达，可以用绘画形式表述……

五、语言竞秀场

（一）介绍活动专题——不辜负在最好的时光里，遇见精致的美食

1. 我家厨事

介绍"妈妈的拿手菜""我家的招牌菜"或讲述我家与美食相关的趣事等。

2. 美食味道

讲述一次难忘的美食经历。

3. 我当大厨

介绍自己制作美食的经历、体验。（从购买原材料开始，查菜谱或咨询妈妈、炒菜过程或炒菜小插曲、尝味、评价、感受等。）

（二）微写作活动专题——探寻味觉深处的记忆

1. 收看《舌尖上的中国》或其他美食节目。推荐一道美食，撰写好解说词，力求图文并茂，发在班级微信群里，开展评选活动。

2. 随着央视《舌尖上的中国》的走红，其中被誉为"舌尖体"的解说词也风靡全中国，挑逗着人们的味蕾，拨动着人们的心弦。民间文人雅士竞相模仿，不少仿舌尖体的语言段子也令人赞叹，大有青出于蓝而胜于蓝之势。如此与语文有关的盛事，我们自然不该错过。读一段"舌尖体"的评论文章，赏几则原汁原味的"舌尖体"文字，品品我们的生活图景，让那拒绝

再三的滋味,若远若近的乡愁,流淌心间,倾注于笔端,扩展成绵长的记忆。

请根据"舌尖体"的特点,结合自己家乡有影响的小吃,写一段文字。

例如描写小笼包:小笼包,来自江南水乡所独有的味道。细腻筋道的薄薄面皮,孕育着饱满微甜的晶莹馅料。随热气蒸腾,汤汁的馨香渗透在小笼包每一次的呼吸之中,这是水蒸气与果冻般弹软馅料的爱语呢喃。带着水乡的清泉、独到的湿糯,小笼包走入的是每一位江南游子最美好的回忆。

3. 写一写你记忆里难以忘怀的一道美食,150字左右的片段即可,时间为10分钟。请从以下三个方面中任选其一进行写作。

温馨提示:写片段,要开门见山直奔正题,不需要拐弯抹角写一个长长的开头。

(1)再现食之诱惑(色、香、味)。表现美食的特征,首先要调动感官,观其形,绘其色,闻其香,品其味,再现食之诱惑。

(2)展现人之情趣(动作、声音、神态)。美食的诱惑不仅仅来自食物本身,更在于人的情趣。于美食的描写中,要融入人的动作、神态等描写,展现人之情趣。

(3)品味生活滋味。品美食也是品生活,美食中要包含生活的滋味和感悟。

六、活动延伸线

舌尖味道,揭开中国饮食文化的神秘面纱

1. 学生寻找和确定自己的研究专题。(参考课题:中国的饮食礼仪;中国人饮食习惯的优点;中国小吃;八大菜系之苏菜系;八大菜系之川菜系等)

2. 制订计划,做好准备。

(1)学生根据自己的兴趣、特长分组。

(2)各组制订活动计划。

(3)各组交流活动计划。

(4)师生共同探讨研究的途径及方法。

(5)各小组确定研究计划。

3. 调查访问,实践研究。

4. 各小组按计划通过各种途径查找资料。(如:上网查找资料;去图书馆查找资料;向家长请教;走进饭店,实地考察;走上社会,调查访问;在大人的指导下,学做一道菜肴;搜集名人与中国饮食的有趣故事等)

(1)教师关注各组资料储备情况,并随时提供点拨帮助。

(2)小组之间互动,资源共享,使资料查找途径及储备更完整。

5. 成果展示,体验成功。

(1)汇报本组人员分工、活动目标、活动经过、调研途径等情况。

(2)通过手抄报展示,投影片展示,自己烧的菜请大家品尝等形式进行汇报。

(3)学生结合实践过程谈认识,谈收获,谈感想,谈建议。

七、开心学国学

《芈月传》里饮食"穿帮"　吃货表示"不能忍"

《芈月传》剧照

《芈月传》播出以来,迷糊老师也进行了围观。不看不知道,一看吓一跳,作为资深"吃货"的迷糊老师实在耐不住了,想跟大家来说道说道。

炒菜用铁锅:按照历史记载,铁锅到宋朝才被发明;而且是不能用于炒菜的,只能用陶罐等煮、烫,这部剧一下子就穿越千年了。

芈月做的煎鱼:只能煮和烫的时代,怎么能做出这么精致的煎炸食物呢?不过,宫女手里的窝窝饼倒是先秦时期的主食。

御膳房的糕点:在没有面粉的时代,小芈月在御膳房里偷糕点,包子、馒头不该是诸葛亮擒孟获之后才有的么?

桂花糕用的大米:那时的大米还长在东南亚,还没传入我国呢。小芈月在父王身边尝的糕点,在没有面粉和黄油的年代,这个类似酥点的东西是怎么制作出来的呢?

绿豆糕:楚国王后给夫君做了一盘绿豆糕。北宋时期才从印度传来的绿豆糕,居然在楚国王宫里就已经盛行了。

酥皮烧鸡:扮演楚威王的赵文瑄面前那只酥皮烧鸡,应该也是几百年后才有的美食。

有米无肉:芈月在守孝期间,抱怨宫里每天只送来稻米和黍麦,肉一周只送两三次。但其实在先秦时代,米比肉贵,百姓是吃不上白米饭的。

信纸:看到从东汉穿越回秦朝的信纸,发明造纸术的东汉蔡伦估计要"哭晕在厕所了"。

八、职场连连看

职场6款美食能轻松减压

1. 补充肉类、豆芽、豆制品、芦笋、梨、桃子等富含天门冬氨酸的食物,以促进新陈代谢,除去乳酸,消除疲劳,促使体力恢复。

2. 增加富含 ω-3 脂肪酸的鱼类,如鲭鱼、鲑鱼、银白鱼、青鱼和鲱鱼。还可以吃些葵花子、南瓜子和芝麻这些含有必需脂肪酸和纤维的食物,如在色拉里加入橄榄油或葵花子油。

各种食物

3. 饮食中不能缺少碱性食物,如新鲜蔬菜(紫甘蓝、花椰菜、芹菜、油麦菜、萝卜缨、小白菜)和水果、菌藻类、奶类等,可以中和体内的"疲劳素"——乳酸,以缓解疲劳。

4. 尽量不要喝碳酸饮料,要多喝水(即使不渴),尤其是碱性水,有助于肝脏和肠道的解毒。

5. 钙是天然的压力缓解剂。缺钙的人,总是疲于奔命、神经高度紧张,工作产生的疲劳无法获得缓解。在摄取牛奶和酸奶等富含钙质食物的同时,千万不要忘记补充镁,"补钙不补镁,吃完就后悔"!新鲜小麦胚、荞麦、核桃、杏仁、红葡萄酒、香蕉、紫菜、未加工的蜂蜜和黄豆等食物中富含镁元素。

6. 维生素 B_1、维生素 B_6、维生素 B_{12} 等 B 族维生素是缓解压力、营养神经的天然解毒剂,是消除疲劳必不可少的营养素,也是中国人最容易缺乏的维生素,适量补充对患慢性疲劳综合征的人尤其有益。

语文课本中的
美食PPT

语文课本中的
美食教学设计

语文课本中的
美食练习题

语文课本中的
美食微课

活动二　寻找"舌尖上的名人"
——名人与名菜的邂逅

一、开讲啦

中国的饮食文化源远流长。很多名人,尤其是当权阶层和文化大咖,往往同时又是美食家,如李太白、苏东坡、张大千、杜子美等,这就注定了许多名菜与名人之间的渊源。接下来,迷糊老师就带着大家来扒一扒其中的典故,来一期"舌尖上的名人"。

二、活动项目

访名人寻名菜:校园电视台将于2020年开拍《名人与名菜》,现面向全体学生征集栏目稿件,要求围绕"一个名人与一道名菜"这一主题,图文并茂,有情境有细节。

三、审美广角镜

猪肉颂
[北宋]苏　轼

净洗铛①,少著水,柴头②罨③烟焰不起。
待他自熟莫催他,火候足时他自美。
黄州好猪肉,价贱如泥土。
贵者不肯吃,贫者不解煮。
早晨起来打两碗,饱得自家君莫管。

东坡肉

【注释】

①铛:音 chēng,铁锅。

②柴头:柴禾,做燃料用的柴木、杂草等。

③罨:音 yǎn,掩盖,掩覆。

【译文】把锅子洗得干干净净,放少许水,燃上柴木、杂草,抑制火势,用不冒火苗的虚火来煨炖。等待它自己慢慢地熟,不要催它,火候足了,自然会滋味极美。黄州有这样好的猪肉,价钱贱得像泥土一样;富贵人家不肯吃,贫困人家又不会煮。我早上起来打上两碗,自己吃饱了您莫要理会。

> 经典指数:五星　　美味指数:五星　　推荐指数:五星

吃货们有话说

中国人对餐桌上的一道菜——"东坡肘子",有时美餐一回,都津津乐道;其实,现在我们所吃的东坡肉,比起当时苏轼的做法,已有很大改进。像现在用的雪豆、葱、绍酒、姜、盐等等,在苏轼那个年代,不可能有这么多花样。然而,今天与当初东坡的做法,有一点却是未变——慢慢用微火煨炖。现在眉山的"东坡肘子",要移到微火上煨炖约3小时,直至用筷子轻轻一戳肉皮即烂为止。苏东坡在煨炖时,用多长时间,现在已经不得而知了。但是,我们从苏轼的这首《猪肉颂》里,一眼就能发现其中的核心语句"柴头罨烟焰不起"——你看,这不就是强调用微火来煮炖的意思吗?慢火煨炖,这是东坡肘子的精髓,没有了这微火煨炖之法,也就失去了"东坡肘子"的"灵魂"。

东坡肘子步骤

这是苏轼在实践中不断摸索的结果。若是用急火,不但容易将猪肉煮焦,而且肉与作料的味道不能全部煮出。只有用微火渐渐地煮烂,不但吃起来口感佳,而且好消化,五味俱全。所谓"少著水",目的在于:当肉煮烂了,水也刚好没有了。这样,软软的、鲜嫩可口的猪肉,就可入口品尝了。

名菜背后的故事

其实,苏轼在炖煮东坡肉之前,经历了一次生死大考验。他凭着对国家和民族的强烈责任感,写了许多诗文,批评了执政者,结果却被关进了监狱,几乎被置于死地。后来他免于一死,被朝廷发落到黄州这一蛮荒之地,生活条件的窘迫、周边环境的恶劣,尤其是他这闻名全国的大文豪的狼狈处境,都足以让他心情糟糕,颓废沉沦而难以振作。处如此逆境之下的他觉怎能睡好,茶饭又怎能香甜? 然而苏轼却用其坚韧性格,展示了一个乐天派的生活情趣。"东坡肉"与《猪肉颂》,就是在生活极其艰难、境遇极其糟糕的情形下诞生的。知晓了苏轼从生死关口挣脱出来的情景,就不难体会到《猪肉颂》中所闪烁的超乎常人的平和乐观精神了。

"净洗铛"——把锅子洗得干干净净,表明作者的一丝不苟,和他对烹调的极其执着、投入的心态。不要小看这寥寥的三个字,这是追求最洁净、最佳烹调效果的具体表现,也是他心情平静,荣辱不关于心的精神境界的微妙体现。另外,"待他自熟莫催他,火候足时他自美"这两句的口吻,以及"自""莫""火候足""他自美"诸字眼,都透露出一种不急不火的从容心态,展示了烹调者的悠然自得的形象。东坡已经入境了——一种全心投入、忘却自我的创造性境界。我们再来看,作者那"黄州好猪肉,价贱如泥土。贵者不肯吃,贫者不解煮"的叹息,用反衬法更进一步衬托出了发明新烹调艺术的快意、乐观。他在想,偌大的黄州,面对质量这么好的猪肉,竟然无一人能研究、创造出上好的烹调技艺!

可以说,在艰难困苦下的这种乐观、适意心情,成了苏轼创造这中国独一无二的"东坡肉"的重要前提条件。

四、思维大转盘

1. 名菜档案建一建:请结合文本内容及网上资源,以小组为单位为东坡肉制作一份小档案,内容可以包括名称由来、制作材料、制作方法、首创故事、发展演变、食界地位等,并在课堂上进行展示汇报。

2. 东坡名菜搜一搜:苏轼除了研发了"东坡肉"这种美食,还研发了哪些美食? 以小组为单位收集资料,说说它们的制作过程。

3. 名人名菜推一推:收集其他的名人与名菜的故事和文章,以小组为单位,制作成PPT,在课堂上进行推荐。

东坡羹　　　　　　　　东坡豆腐

五、语言竞秀场

一个名人与一道名菜

1. 做一做:任选名人名菜一道,自己学着做一做,熟悉名菜的制作过程。

2. 尝一尝:利用节假日,到饭馆点一道名人名菜,把试吃的感受用文字记录下来。

3. 读一读:阅读汪曾祺《五味》、梁实秋《雅舍谈吃》,寻找其中名人与名菜的渊源,体会中国人的饮食文化。

4. 写一写：仿照《舌尖上的中国》第一期和第二期的文稿风格，写一份《一个名人与一道名菜》的稿件。

六、开心学国学

名人与名菜的趣闻轶事

名人是人们生活中接触比较多，且比较熟悉的群体，名人效应也就是因为名人本身的影响力，而在其出现的时候达到事态扩大、影响加强的效果。名人也是人，和普通人一样要食人间烟火；但由于名人身份不同，所以名人和饮食之间便有了许多说不完、道不尽的趣闻轶事。

名人金口价百倍

一千多年前，西汉唐蒙奉命出使南越。筵席上，他第一次喝到了醇香可口的拘酱酒，大为赞赏。回朝时带了几瓶献给汉武帝。汉武帝金口一尝，立即将之钦定为贡酒。拘酱酒顿时身价百倍。清朝时王致和官运不通，就做起豆腐生意来。后来他做的豆腐被慈禧太后偶然尝到，慈禧一称赞，竟成了御品。王致和从此生意兴隆，财源滚滚。

豆腐

名特风味名人创

涮羊肉

"涮羊肉"是名特风味，但能流传下来却和忽必烈有关。七百年前，元世祖忽必烈率军征战途中，想吃草原美味的"清炖羊肉"。随军厨师马上宰羊剔肉，不料敌情突发，做"炖羊肉"来不及了，厨师忙将羊肉切成薄片，放在锅里一搅和就捞出来，放点调料送了上去。忽必烈饥不择食，吃罢迎敌并大获全胜。还朝后命厨师如法炮制，并建议放了许多佐料，群臣吃后赞不绝口，忽必烈赐名"涮羊肉"。

"金华火腿"是宋代名将宗泽发明的。宗泽是主战派，因打仗连连得胜，百姓抬着肥猪慰问，一时猪肉多得吃不了，宗泽就命人将猪腿割下，腌制起来。由于腌制的猪腿又湿又重，行军携带不便，所以常常把它们匆匆晒上几个太阳，挂在风中晾干。日子一久，腿肉红得如火，于是大家都叫它"火腿"。

火腿肉

饮食癖好百千态

在饮食上,名人各有癖好。明代戚继光喜吃猪头,在他守戍关外时,为了过一过吃猪头的瘾,不惜派快马手长驱北京的抄手胡同,专买那里的华家猪头。

凉皮

刘邦爱吃凉皮。刘邦被封为汉王时在汉中吃当地的凉皮就吃上了瘾。当了皇上后,还不忘吃汉中的凉皮。据说有人因给刘邦进贡凉皮被升了官。

咸丰皇帝爱吃凉粉。咸丰十年(1860)的一天,咸丰走出宫门在大街上吃了两碗凉粉,觉得味道极佳,竟把卖凉粉的请到宫里住了一个月,传授制作凉粉的技艺。

还有,慈禧饮茶成癖,李鸿章爱吃咸菜,郑板桥爱吃狗肉,魏徵爱吃芹菜。

名菜沾了名人光

"西施舌"是绍兴诸暨著名面点,因美女西施而得名,形似西施小小的舌头,皎洁清香、甜润可口。

贵妃鸡

"昭君皮子"是甘肃人夏日常食的酿皮子。据说王昭君出塞后吃不惯面食,厨师遂将面粉分离成淀粉和面筋。用淀粉制面条,昭君十分爱吃。

"贵妃鸡"是上海川味名菜,借用杨贵妃酒醉百花亭的故事命名。

"汉宫藏娇",原名"泥鳅钻豆腐",是江西的一道名菜,以豆腐形容貂蝉之纯,以泥鳅比作董卓奸猾。

百代习俗怀念情

历代和各民族的饮食风俗,有不少都和名人有关。比如,吃"年糕"就是为了纪念伍子胥。公元前514年,吴王让伍子胥督建王城。吴王之子夫差继位后听信谗言,杀了伍子胥。子胥临死前对部下说:"我死后若国家有难,民众没粮吃,就到城门墙下挖地三尺,可找到吃的东西。"后来越国

年糕

进攻吴国,城中军民断粮,伍子胥的部下就带领军民在象门城下挖地,果然挖出许多可以充饥的"城砖"。原来"城砖"是糯米粉压成的,这是伍子胥生前设下的"积粮防急"之计,吴国军民就靠这些"城砖"渡过了难关。此后每逢过年,吴国百姓都要压制类似"城砖"的年糕,以纪念伍子胥。像这类情况还有很多,如吃粽子纪念屈原、吃腊八粥纪念佛祖、吃馄饨纪念盘古等等。

七、职场连连看

古代十大名厨

彭铿：原是陆终氏的三子，是帝尧时代的厨艺师。他烹制的野鸡羹味极美，甚得帝尧欢心，可谓是华夏第一位著名的厨师了。

伊尹：商朝辅国宰相，商汤一代名厨，有"烹调之圣"的美称。"伊尹汤液"为人传颂千年不衰。

易牙：也名狄牙，为春秋时期名巫、著名厨师，精于煎、熬、燔、炙，又是调味专家，得宠于齐桓公。

太和公：为春秋末年吴国名厨，精通以水产为原料的菜肴，尤以炙鱼闻名天下。

梵正：为五代时尼姑、著名女厨师，以创制"辋川小祥"风景拼盘而驰名天下，将菜肴与造型艺术融为一体，使菜上有山水、盘中溢诗韵。

刘娘子：为南宋高宗宫中女厨，历史上第一个宫廷女厨师，称为"尚食刘娘子"。

董小宛：明末清初秦淮名妓，擅长制作菜蔬糕点，尤善桃膏、瓜膏、腌菜等，名传江南。扬州名点灌香董糖、卷酥董糖，均为她所创制。

宋五嫂：为南宋著名民间女厨师。高宗赵构乘龙舟游西湖，曾尝其鱼羹，赞美不已。于是其名声大振，被奉为脍鱼之师祖。

萧美人：清朝著名女点心师，以擅制馒头、糕点、饺子等点心而闻名。袁枚颇为推崇她，《随园食单》中盛赞其点心"小巧可爱，洁白如雪"。

王小余：清代乾隆时名厨，烹饪手艺高超，并有丰富的理论经验。袁枚《随园食单》有许多方面得力于王小余的见解。

名人与名菜的　　名人与名菜的亲　　名人与名菜的亲　　名人与名菜的亲
亲密邂逅PPT　　密邂逅教学设计　　密邂逅练习题　　密邂逅微课

活动三 刀光剑影里的食色天下

——那些江湖中的美食和有趣的菜名

一、开讲啦

人人都喜爱美食,人人都离不了江湖,迷糊老师试着把色香味俱佳的美食和刀光剑影的江湖结合在一起,给人两种完全不同的感官:一面似水,美妙舒适;一面如火,炙热危险,呈现了一场精彩纷呈的双重盛宴。

关于这个话题,迷糊老师马上想到了《鲁提辖拳打镇关西》中的场景,鲁达先后命令郑屠:"要十斤精肉,切作臊子,不要见半点肥的在上面";"再要十斤都是肥的,不要见些精的在上面,也要切做臊子";再来十斤寸金软骨,也要细细地剁做臊子,不要见些肉在上面"。好一个鲁达,迷糊老师忍不住扑哧一笑,帮助弱小的豪侠竟在小小切肉刀上展现出了温柔与机智。

二、活动项目

江湖趣味菜名征集活动:为了迎接2022年在杭州举办的第十九届亚运会,展现绍兴人慷慨好客的情怀,"一道菜,一个名字"趣味菜名征集活动开始了。一道菜,一个名字,一个故事,还原绍兴菜最原汁原味的乡土风情,回归绍兴人最本真的餐桌生活,展现绍兴人最质朴的饮食理想。

三、审美广角镜

江湖美食之大众菜谱——古龙《楚留香传奇》

只见舱门里已伸出一双纤秀的手来,手里托个大盘子。盘子里有两只烤得黄黄的乳鸽,配两片柠檬,几片多汁的牛肉,半只白鸡,一条蒸鱼,还有一大碗浓浓的番茄汤,两碗腊味饭,一满杯紫红的葡萄酒,杯子外凝结水珠。

🌱**迷糊老师点评:**古龙虽然家境不错,父亲是台北市市长的秘书,但是本身样貌丑怪、身材矮小,一生困顿,上穷碧落下黄泉地都吃了个遍。偏爱肉食的迷糊老师,禁不住想起饱满雪白饭粒里那晶莹剔透的腊肉吱吱作响,还有小时候蒙着头喝番茄汤,番茄汁溅到白衬衣上少不了挨妈妈的骂,却又在骂声里感受到了妈妈的疼爱。

江湖美食之炙牛肉条、荷叶笋尖樱桃汤——金庸《射雕英雄传》

黄蓉笑盈盈地托了一只木盘出来,放在桌上,盘中三碗白米饭,一只酒杯,另有两大碗菜肴。郭靖只觉得甜香扑鼻,说不出的舒服受用,只见一碗是炙牛肉条,只不过香气浓郁,尚不见有何特异,另一碗却是碧绿的清汤中浮着数十颗殷红的樱桃,又飘着七八片粉红色的花瓣,底下衬着嫩笋丁子,红白绿三色辉映,鲜艳夺目,汤中泛出荷叶的清香,想来这清汤是以荷叶熬成的了。

🌱**迷糊老师点评:**"玉笛谁家听落梅",光是一条羊羔坐臀,一片小猪耳朵,一截小牛腰子就羡煞洪七公的好口福,更何况还有荷叶之清、笋尖之鲜、樱桃之甜了,迷糊老师已经口水直流了……

江湖美食之趣味菜名——琼瑶《还珠格格》

紫薇做的几道普通的农家小青菜,但经她诗意化的命名后,这几道普通的菜同样令乾隆食欲大增,赞不绝口。乾隆先是问紫薇,那个红杆子绿叶是个什么菜,颜色挺好看的。紫薇说:"这个菜名字叫'红嘴绿鹦哥'。"实际上就是普通的菠菜,但经紫薇想象加工,这道菜不仅好看好闻好吃,而且也好听起来!怪不得,连博学的纪晓岚先生也称赞紫薇是"慧质兰心"。菠菜之后,仍是四样青菜,可是在紫薇的口中,同样是青菜,名字却不同。第一道叫"燕草如碧丝",第二道叫"秦桑低绿枝"。这两句本是李白《春思》中的名句。原诗是:"燕草如碧丝,秦桑低绿枝。当君怀归日,是妾断肠时。春风不相识,何事入罗帏?"是一首描写思妇内心世界的诗。诗人巧妙地把握了思妇复杂的感情活动,用两处春光,兴两地相思,把想象与回忆同眼前实景融合起来,据实构虚,造成诗的妙境。另外,这两句诗还运用了谐声双关。"丝"谐"思","枝"谐"知",这恰和下文思归与"断肠"相关合,增强了诗句的音乐美与含蓄美。紫薇诗意的命名,不仅有效地诱发了人们的食欲,而且激发了人们的想象力,给人无穷的回味。

紫薇做的第三道菜和第四道菜还是炒青菜,只是上面分别覆盖着几片豆腐和炒蛋。紫薇分别美其名曰"漠漠水田飞白鹭"和"阴阴夏木啭黄鹂"。这两句出自王维的《积雨辋川庄作》。原诗是:"积雨空林烟火迟,蒸藜炊黍饷东菑(zī)。漠漠水田飞白鹭,阴阴夏木啭黄鹂。山中习静观朝槿,松下清斋折露葵。野老与人争席罢,海鸥何事更相疑。"表现了诗人隐居山林、脱离尘俗的闲情逸致,是王维山水田园诗中的名篇。王维通过对积雨天气的辋川山野画意盎然的描写,表现自己怡然自得的田园情趣。聪明的紫薇分别用"水田"和"夏木"隐喻青菜,而豆腐和炒蛋俨然是翩翩白鹭和啼啭的黄鹂了。原本清一色单调的青菜,经紫薇的诗意渲染和巧手点缀,一下子变得流光溢彩起来。

迷糊老师点评:简单的江湖菜品中蕴含着大学问,紫薇能大受皇上的宠爱理所当然。最讨厌背诵诗歌的迷糊老师打算从今天开始要发愤图强了,也要做到把国学经典信手拈来,妙语如"大珠小珠落玉盘",到时我们一起来取名比拼哦。

四、思维大转盘

1. 江湖美食故事讲一讲:找找金庸武侠小说中的美食故事,在课堂上与大家分享。

2. 趣味菜名说一说:请说出"名作指南"文本中的菜肴主要用了哪种取名方式,菜名和菜肴之间是否相得益彰,试举例解析。

3. 趣味菜名搜一搜:结合文本内容搜索网上资源,查找各种菜肴取名的方式,并把它们摘录下来,做一本趣味菜名实录。

4. 美食、人物连一连。

将屈原、宗泽、宋嫂、忽必烈、刘邦、杨贵妃、貂蝉、朱元璋填在相应的图片旁。

①凉皮

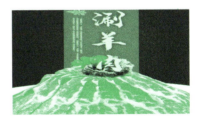

②涮羊肉

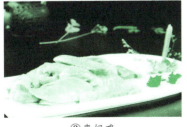

③贵妃鸡

④粽子

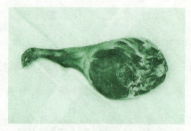
⑤火腿

⑥泥鳅钻豆腐

⑦翡翠白玉羹

⑧鱼羹

参考答案:

屈原—④粽子　　宗泽—⑤火腿　　　　宋嫂—⑧鱼羹　　　　忽必烈—②涮羊肉

刘邦—①凉皮　　杨贵妃—③贵妃鸡　　貂蝉—⑥泥鳅钻豆腐

朱元璋—⑦翡翠白玉羹

5. 相克食材列一列:治大国如烹小鲜,有些食材相生相克,混在一起甚至会变得有毒;而有的食材经过巧妙搭配,就会更加美味可口。了解一些相克食材,列举并说明原因。

五、活动延伸线

"一道菜,一个名字"趣味菜名征集活动

1. 找一找:绍兴名菜有多少,熟悉每道菜的烧制程序。
2. 试一试:挑一道最喜欢的绍兴菜,为它取个别具一格的菜名,并写下取名的创意构想。
3. 比一比:开展趣味菜名评选活动,比一比谁的取名更胜一筹。
4. 晒一晒:取得最优菜名的作品在班级宣传角、QQ群等地方展示。

六、开心学国学

相声:报菜名

《报菜名》是非常有名的一个相声贯口。贯口是评书、相声的说功,又称"趟子"。为将一段篇幅较长的说词节奏明快地一气道出,似一串珠玉一贯到底,演员事先把词背得熟练拱口,以起到渲染抒情、展示技巧乃至产生笑料的作用。对此,相声界有着"口快如刀"的要求。

好的演员能做到嗓音亮,吐字清,字正腔圆,气口精当,一展"嘴皮子利索"之功力。贯口分大贯口、小贯口两种。小贯口一般十几句,大贯口可长达一百多句。

古诗变菜名

床前明月光,光喝疙瘩汤。

春风又绿江南岸,明月何时烤冷面。

人比黄花瘦,犹记锅包肉。

小荷才露尖尖角,一看排骨炖豆角。

月落乌啼霜满天,松仁玉米地三鲜。

君问归期未有期,来盘榛蘑炖笨鸡。

我劝天公重抖擞,煎饼果子配鸡柳。

在天愿作比翼鸟,坐吃一盘酸菜饺。

七、职场连连看

菜肴命名的十种方法

一个好的菜肴名称可以为菜肴增色不少,起到画龙点睛的作用。下面介绍菜肴命名的十种方法,供参考。

1. 在主料前冠以调味方法。

在主料前冠以调味方法命名,是一种常见的命名方法。其特点是从菜名可反映其主料的口味、调味的方法,从而了解菜肴的口味特点。例如:糖醋排骨、咖喱牛肉等。

2. 在主料前冠以烹调方法。

这是一种较为普遍的命名方法。菜肴用这种方法命名,可使人们较容易地了解菜肴的全貌和特点,菜名中既反映了构成菜肴的主料,又反映了烹调方法。如扒海参,主料是海参,烹调方法是扒。又如红烧大裙翅,主料是裙翅,使用红烧方法烹制。

3. 在主料前冠以主要调味品名称。

如蚝油鸭脚,就是在主料"鸭脚"前冠以主要调味品"蚝油"而构成菜名。

4. 在主料和主要调味品间标出烹调方法。

如果汁煎鸽脯、豉汁排骨等。

5. 在主料前冠以人名、地名。

如"东坡肉"是在主料前冠以人名组成菜名,"北京烤鸭"则是在主料前冠以地名。

6. 在主料前冠以色、香、味、形等特色。

如"五彩蛇丝"在主料蛇丝前冠以颜色特色"五彩","五香肚"反映菜肴香的特色,"麻辣鸡"反映味的特色,"松子鱼"反映形的特色。

7. 以主辅料配合命名。

如尖椒牛肉主料为牛肉,辅料为尖椒;又如芥菜胆莲黄鸭,鸭为主料,芥菜胆莲子、蛋黄均为辅料。此外,元葱板鱼、辣子鸡等也都用此法命名。

8. 主辅料之间标出烹调方法。

实际上许多菜肴都用这种方法命名,从菜名可直接了解主辅料和所使用的烹调方法。如"鳖肉烩果狸",从菜名中可知,果狸为主料,鳖鱼肚为辅料,烹调方法是烩。

9. 在主料前冠以烹制器皿的名称。

如"瓦鸡",主料为鸡,用瓦烹制。

10. 以形象寓意命名。

如"虎穴藏龙""桃花泛""雪里埋炭""凤凰串牡丹"等皆以形象寓意命名。

刀光剑影里的食
色天下ppt

刀光剑影里的食
色天下教学设计

刀光剑影里的食
色天下练习题

刀光剑影里的食
色天下微课

活动四　一语茶香染流年

——人与茶的那些事儿

一、开讲啦

俗话说:早起开门七件事,柴米油盐酱醋茶。迷糊老师自然也免不了俗,喝茶成为每天必不可少的那件事儿。"清早一杯茶,赛过吃鱼虾",喝茶可以喝出健康;"昏昏嗜睡翁,唤起风洒面。亦有不平心,尽从毛孔散",喝茶可以助人提神解困,清心明志;"人生有如三道茶,第一道苦如生命,第二道甜似爱情,第三道淡如微风",作家三毛的这段话也道出了迷糊老师多年喝茶的心得,茶如人生啊!茶,就这样扎实地铺陈在我们日常生活的点点滴滴里,人与茶有一种不解之缘,名人更是如此。古往今来,他们留下了不少有关茶的美文趣事。那接下来就和迷糊老师一起去探寻人与茶的那些事儿吧!

二、活动项目

中国是茶叶的故乡,茶文化源远流长。茶作为一种文化现象,与我国人民生活关系密切。自古至今,有许多名人与茶结缘,不仅写有许多对茶吟咏称道的诗章,还留下不少煮茶品茗的趣事逸闻。那就让我们一起在历史的长河中找一找那些趣事,读一读那些美文吧。

三、审美广角镜

(一)茶长啥样

中国最早的茶学专著——陆羽的《茶经》

茶

茶者,南方之嘉木也,一尺二尺,乃至数十尺。其巴山峡川有两人合抱者,伐而掇之,其树如瓜芦,叶如栀子,花如白蔷薇,实如栟榈,蒂如丁香,根如胡桃。

——《茶经一之源》

🌿**迷糊老师点评**:唐代陆羽的《茶经》是中国第一部茶学专著,书中论述了茶的形状、品质、产地、采制和烹饮方法及用具等。节选部分为本书第一部分中的内容,这段文字介绍了茶是什么样子的,以一组比喻将描写变得生动形象。白居易的《荔枝图序》中也是采用此法来介绍荔枝的。茶产于南方,当时大部分的北方人估计没机会见到,这样的说明是不是可以让北方人更易于理解呢?

(二)茶诗两首

一字至七字诗·茶

[唐]元 稹

茶,

香叶,嫩芽,

慕诗客,爱僧家。

碾雕白玉,罗织红纱。

铫(diào)煎黄蕊色,碗转曲尘花。

夜后邀陪明月,晨前命对朝霞。

洗尽古今人不倦,将知醉后岂堪夸。

🌿**迷糊老师点评**:这首诗是不是很特别?这叫宝塔诗,此种体裁属于诗歌中的非主流,读起来则饶有趣味。读此诗要调动全身的感官系统,闻一闻,"香叶"有动人的芬芳;看一看,"嫩芽"有楚楚的形态;还有那些生动的色彩:白玉、红纱、黄蕊色。诗人认为应当在月光下、朝霞中饮茶,那一杯香茗可以洗尽古今人的疲倦,让人享受神仙般的生活。迷糊老师就一俗人,一般都是白天喝茶,解渴解困啊!

汲江煎茶

[宋]苏 轼

活水还须活火烹,自临钓石取深清。

大瓢贮月归春瓮，小杓分江入夜瓶。

雪乳已翻煎处脚，松风忽作泻时声。

枯肠未易禁三碗，坐听荒城长短更。

🌱**迷糊老师点评**：一提及苏轼，我们的脑海中是不是立马浮现出"唐宋八大家""豪放派词人""书法家""画家"等等一系列高大上的称号？是啊，苏轼太有才了，能耐不是一般的大啊！他老人家还是一位伟大的茶人呢！苏轼长期被贬谪的生活，使他有机会品尝各地名茶，也让他在沉苦之时葆有一种积极向上的胸襟，处于贬谪之境不失豁达乐观的人生态度。正因为如此，他的生命之茶才能不间断地泡出诗意的芳香，他的一生写过近百首咏茶诗词。

《汲江煎茶》这首诗是苏轼谪居儋州时所作。儋州就是当时被称为"断发文身的蛮荒之地"的海南岛，这时的苏轼也已经是花甲之年。遭此厄运，他依旧笑对人生，用他那善于发现美的眼睛，为自己找到了抚平创伤的有力武器——煎茶。诗歌第一句说，煮茶最好用流动的江水（活水），并用猛火（活火）来煎。因为煎茶要用活水，只好到江边去汲取。所以第二句说，自己提着水桶，带着水瓢，到江边钓鱼石上汲取深江的清水。第三句写月夜汲水的情景，说用大瓢舀水，好像把水中的明月也贮藏到瓢里了，一起提着回来倒在水缸（瓮）里。第四句说，再用小水杓将江水（江）舀入煎茶的陶瓶里。这是煎茶前的准备动作，写得细致形象，很有韵味。第五句写煎茶，茶水沸开，人眼所见是云脚乱翻、乳浪飞旋。茶煎好了，就开始斟茶。第六句写斟茶时，耳里所闻是茶水泻到茶碗里的飕飕作响，如同风吹过松林所发出的松涛声。第七句写喝茶。写诗文思路不灵，常用"枯肠"来比喻。搜索枯肠，就是冥思苦索。卢仝诗说喝三碗可以治"枯肠"，作者表示怀疑，说只限三碗，未必能治"枯肠"，使文思流畅。最后一句说，喝完茶，就在这春夜里，静坐着挨时光，只听海南岛边荒城里传来那报更的长短不齐的鼓声。这首诗的特点是描写细腻生动。从汲水、舀水、煮茶、斟茶、喝茶到听更，全部过程绘影绘声。通过这些细节的描写，诗人被贬后寂寞无聊的心理，就很生动地被表现出来了。

（三）名人谈喝茶

喝茶（节选）

梁实秋

我平素喝茶，不是香片就是龙井，多次到大栅栏东鸿记或西鸿记去买茶叶。在柜台面前一站，徒弟搬来凳子让座，看伙计称茶叶，分成若干小包，包得见棱见角，那份手艺只有药铺伙计可媲美。茉莉花窨过的茶叶临卖的时候再抓一把鲜茉莉放在表面上，所以叫作双窨。于是茶店里经常是茶香花香，郁郁菲菲。父执有名玉贵者，旗人，精于饮馔，居恒以一半香片一半龙井混合沏之，有香片之浓馥，兼龙井之苦清。吾家效而行之，无不称善。茶以人为名，乃径呼此茶为"玉贵"，私家秘传，外人无有得知。

其实，清茶最为风雅。抗战前造访知堂老人于苦茶庵，主客相对总是有清茶一盅，淡淡

的、涩涩的、绿绿的。我曾屡侍先君游西湖,从不忘记品尝当地的龙井,不需要攀登南高峰风篁岭,近处的平湖秋月就有上好的龙井茶,开水现冲,风味绝佳。茶后进藕粉一碗,四美俱矣。正是"穿牖而来,夏日清风冬日日;卷帘相见,前山明月后山山"。

有朋自六安来,贻我瓜片少许,叶大而绿,饮之有荒野的气息扑鼻。其中西瓜茶一种,真有西瓜风味。我曾过洞庭,舟泊岳阳楼下,购得君山茶一盒。沸水沏之,每片茶叶均如针状直立飘浮,良久始舒展下沉,味品清香不俗。

初来台湾,粗茶淡饭,颇想倾阮囊之所有再饮茶一端偶作豪华之享受。一日过某茶店,索上好龙井,店主将我上下打量,取八元一斤之茶叶以应,余示不满,乃更以十二元者奉上,余仍不满,店主勃然色变,厉声曰:"卖东西看货色,不能专以价钱定上下。提高价格,自欺欺人耳!先生奈何不察?"我爱其戆(gàng)直。现在此茶店门庭若市,已成为业中之翘楚。此后我饮茶,但论品位,不问价钱。

迷糊老师点评:读了这段文字,你就能知晓梁实秋先生平生最爱喝的茶是什么了吧?西湖龙井茶,淡淡的、涩涩的、绿绿的,开水现冲,风味绝佳;六安瓜片,叶大而绿,饮之有荒野的气息扑鼻;那私家秘传之茶——玉贵,则是一半香片一半龙井混合沏之,有香片之浓馥,兼龙井之苦清。这有西瓜风味的"西瓜茶",迷糊老师我是没喝过,有点小向往啊。喝茶看货色,论品位而不问价钱,这是梁先生对多年喝茶的精辟总结,足以看出先生在茶道上的功夫。

喝茶(节选)

鲁 迅

某公司又在廉价了,去买了二两好茶叶,每两洋二角。开首泡了一壶,怕它冷得快,用棉袄包起来,却不料郑重其事的来喝的时候,味道竟和我一向喝着的粗茶差不多,颜色也很重浊。

我知道这是自己错误了,喝好茶,是要用盖碗的,于是用盖碗。果然,泡了之后,色清而味甘,微香而小苦,确是好茶叶。但这是须在静坐无为的时候的,当我正写着《吃教》的中途,拉来一喝,那好味道竟又不知不觉的滑过去,像喝着粗茶一样了。

有好茶喝,会喝好茶,是一种"清福"。不过要享这"清福",首先就须有工夫,其次是练习出来的特别的感觉。由这一极琐屑的经验,我想,假使是一个使用筋力的工人,在喉干欲裂的时候,那么,即使给他龙井芽茶,珠兰窨片,恐怕他喝起来也未必觉得和热水有什么大区别罢。所谓"秋思",其实也是这样的,骚人墨客,会觉得什么"悲哉秋之为气也",风雨阴晴,都给他一种刺戟,一方面也就是一种"清福",但在老农,却只知道每年的此际,就要割稻而已。

迷糊老师点评:生于茶乡的鲁迅一生喜爱喝茶,对喝茶与人生有着独特的理解,并且善于借喝茶来剖析社会和人生中的弊病。文中说"有好茶喝,会喝好茶,是一种'清福'。不过要享'清福',首先就须有工夫,其次是练习出来的特别感觉"。茶人人都能喝,但是喝茶的感觉却因人而异。贩夫走卒之流喝茶是为了解渴解乏,衣食无忧的骚人墨客才有工夫享"清福",才有条件讲品位。可见"清福"并非人人可以享受,这是因为每个人的命运不一样。此文中的茶味,是别有一番滋味。

四、思维大转盘

(一)了解中国名茶

借助网络搜索资料,了解中国名茶的种类、产地、典故等知识。

(二)赏析经典茶文

1. 搜索与茶有关的古诗词,并摘抄你最喜欢的5首。

2. 搜索名人关于喝茶的文章,进行对比阅读,选择自己最喜欢的一篇文章进行赏析。

五、语言竞秀场

(一)小小演说家

1. 可以通过搜索资料,了解中国茶叶的种植、加工、传播历史,讲述种茶人、采茶人、制茶人、饮茶人的茶叶人生。

2. 可以结合自己或家人的采茶、制茶、喝茶的经历,讲述自己或家人与茶之间的小故事。

(二)比拼解说词

以"茶"为话题,选好切入点,如可以介绍名茶,可以讲述茶道,可以走近茶人,制作PPT或者短视频,配上背景音乐,撰写解说词并进行现场解说。

六、活动延伸线

"迷糊老师茶馆"创业策划活动

迷糊老师有时候喜欢做白日梦,如果自己不当老师了,去开间茶馆倒是件很不错的事情。这样想着,迷糊老师就希望同学们一起来帮忙啦。

(一)团队"拼立得"

1. 4—5名同学自行组成一个团队,给老师设想的茶馆起个名字,并以此作为自己团队的名称。要说明取名的理由。

2. 团队内部进行分工,确定负责人1名,其余岗位根据实际需要确定,务必做到人人有任务。

(二)专题"连连看"

迷糊老师需要获得以下5个方面的帮助,团队抽签决定自己的研究专题。

1. 茶叶选择。如果茶馆开在绍兴,请根据当地社会经济环境和风俗文化来确定茶馆提

供的茶叶品种。如果茶馆要提供5种中国名茶,请帮助迷糊老师选择。要求说明茶叶的种类、特点及选择的理由。

2. 茶具选择。喝茶的讲究之处还在于茶具的使用。如果茶馆要采购5种不同的茶具,请帮助迷糊老师选择。要求说明茶具的种类、用途及选择理由。

3. 茶诗选摘。迷糊老师是个文化人,茶馆的文化氛围也是必不可少的。迷糊老师想在墙上挂上5首关于茶的诗词,请帮助迷糊老师选择。要求摘录诗词的作者、内容及选择理由。

4. 茶艺说明。迷糊老师希望来茶馆喝茶的人能懂得欣赏茶艺,为此,他想制作一张介绍茶艺的宣传画报,请给迷糊老师提供宣传的内容。要求说明茶艺基本流程和内容,并且图文并茂。

5. 茶馆广告。迷糊老师知道广而告之的重要性。请帮助迷糊老师提供茶馆的平面广告创意文案,要求说明内容完备,具有创意。

(三)为爱向前冲

1. 迷糊老师明确任务完成的时间和要求,团队制定本组活动计划,组间交流活动计划,教师点评。

2. 各团队围绕专题落实活动计划,注重过程资料的收集和积累。迷糊老师实时跟进了解活动开展情况。

3. 各团队形成活动总结,包括介绍专题完成情况、活动组织情况以及收获感受。

(四)大家来开讲

制作团队活动总结PPT,由团队派出1名代表主讲,其他成员可以补充。听完后其他团队可以提问。其中:讲述5分钟,提问3分钟。

(五)大众来点评

迷糊老师将拿出设计好的点评单要求同学自评、互评,并选出最佳团队。

七、开心学国学

古代十大茶典故

1. 孙皓赐茶代酒

据《三国志·吴志·韦曜传》载:吴国的第四代国君孙皓嗜好饮酒,每次设宴,来客至少饮酒七升。但是他对博学多闻而酒量不大的朝臣韦曜甚为器重,常常破例。每当韦曜碰到难以下台的情况时,他便"密赐茶荈以代酒"。

这是"以茶代酒"的最早记载。

2. 陆纳杖侄

晋人陆纳,曾任吴兴太守,累迁尚书令,有"恪勤贞固,始终勿渝"的口碑,是一个以俭德著称的人。有一次,卫将军谢安要去拜访陆纳,陆纳的侄子陆俶因叔父招待之品仅仅为茶果而不满。陆纳便自作主张,暗暗备下丰盛的菜肴。待谢安来了,陆俶便献上了这桌丰筵。客人走后,陆纳愤责陆俶"汝既不能光益叔父,奈何秽吾素业?",并打了侄子四十大板,狠狠教训了对方一顿。详见陆羽《茶经》转引自晋《中兴书》。

3. 单道开饮茶苏

陆羽《茶经七之事》引《艺术传》曰:"敦煌人单道开,不畏寒暑,常服小石子,所服药有松、桂、蜜之气,所饮茶苏而已。"单道开,姓孟,晋代人。好隐栖,修行辟谷,七年后,他逐渐达到冬能自暖,夏能自凉,昼夜不卧,一日可行七百余里。后来移居河南临漳县昭德寺,设禅室坐禅,以饮茶驱睡。后入广东罗浮山百余岁而卒。

所谓"茶苏",是一种用茶和紫苏调和的饮料。

4. 王濛与"水厄"

王濛是晋代人,官至司徒长史。他特别喜欢茶,不仅自己一日数次地喝茶,而且,有客人来便一定要客同饮。当时,士大夫中还多不习惯于饮茶。因此,去王濛家时,大家总有些害怕,每次临行前,就戏称"今日有水厄"。

事见《世说新语》:"王濛好饮茶,人至辄命饮之,士大夫皆患之,每欲往候,必云'今日有水厄'。"

5. 王肃与"酪奴"

北魏·杨之《洛阳伽蓝记》卷三载:

肃初入国,不食羊肉及酪浆等物,常饭鲫鱼羹,渴饮茗汁。京师士子见肃一饮一斗,号为漏,经数年后,肃与高祖殿会,食羊肉酪粥甚多。高祖怪之,谓肃曰:"卿中国之味也,羊肉何如鱼羹,茗饮何如酪浆?"肃对曰:"羊者是陆产之最,鱼者乃水族之长,所好不同,并各称珍。以味言之,是有优劣,羊比齐鲁大邦,鱼比邾莒小国,惟茗不中与酪作奴。"

肃,即王肃,字恭懿,琅邪(今山东临沂)人。曾在南朝齐任秘书丞。因父亲王奂被齐国所杀,便从建康(今江苏南京)投奔魏国(今山西大同,是其国都)。魏孝帝随即授他为大将军长史,后来,王肃为魏立下战功,得"镇南将军"之号。魏宣武帝时,官居宰辅,累封昌国县侯,官终扬州刺史。王肃在南朝时,喜欢饮茶。到了北魏后,虽然没有改变原来的嗜好,但同时也很会吃羊肉奶酪之类的北方食品。当人问"茗饮何如酪浆"时,他则认为茶是不能给酪浆做奴隶的。意思是茶的品位并不在奶酪之下。

但是,后来人们却把茶茗称作"酪奴",将王肃的本意完全弄反了。

6. 李德裕与惠山泉

李德裕,是唐武宗时的宰相,他善于鉴水别泉。

尉迟偓的《中朝故事》中记述:

李德裕居庙廊日,有亲知奉使说口(今江苏镇江)。李曰:"还日,金山下扬子江中急水,

取置一壶来。"其人忘之,舟上石头城,方忆及,汲一瓶归京献之。李饮后,非常叹讶,曰:"江南水味,有异于顷岁,此颇似建业石头城下水。"其人谢过,不敢隐。

唐庚《斗茶记》载:"唐相李卫公,好饮惠山泉,置驿传送不远数千里。"这种送水的驿站称为"水递"。时隔不久,有一位老僧拜见李德裕,说相公要饮惠泉水,不必到无锡去专递,只要取京城昊天观后的水就行。李德裕大笑其荒唐,便暗地让人取一罐惠泉水和昊天观水一罐,做好记号,并与其他各种泉水一起送到老僧处请他品鉴,找出惠泉水来,老僧一一品赏之后,从中取出两罐。李德裕揭开记号一看,正是惠泉水和昊天观水。李德裕大为惊奇,不得不信。于是,再也不用"水递"来运输惠泉水了。

7. 苦口师

苦口师是茶的别名。

晚唐著名诗人皮日休之子皮光业(字文通),自幼聪慧,十岁能作诗文,颇有家风。皮光业容仪俊秀,善谈论,气质倜傥,如神仙中人。吴越天福二年(937)拜丞相。

有一天,皮光业的中表兄弟请他品赏新柑,并设宴款待。那天,朝廷显贵云集,筵席殊丰。皮光业一进门,对新鲜甘美的橙子视而不见,急呼要茶喝。于是,侍者只好捧上一大瓯茶汤,皮光业手持茶碗,即兴吟道:"未见甘心氏,先迎苦口师。"

此后,茶就有了"苦口师"的雅号。

8. 谦师得茶三昧

元祐四年(1089),苏东坡第二次来杭州上任。这年的十二月二十七日,他正游览西湖葛岭的寿星寺。南屏山麓净慈寺的谦师听到这个消息,便赶到北山,为苏东坡点茶。

苏轼品尝谦师的茶后,感到非同一般,专门为之作诗一首,记述此事。诗的名称是《送南屏谦师》,诗中对谦师的茶艺给予了很高的评价:

道人晓出南屏山,来试点茶三昧手。

忽惊午盏兔毛斑,打作春瓮鹅儿酒。

天台乳花世不见,玉川凤液今安有。

先生有意续茶经,会使老谦名不朽。

谦师治茶,有独特之处,但他自己说,烹茶之事,"得之于心,应之于手,非可以言传学到者"。他的茶艺在宋代很有名气,不少诗人对此加以赞誉,如北宋的史学家刘攽有诗句曰:"泻汤夺得茶三昧,觅句还窥诗一斑。"这便是很妙的概括。后来,人们便把谦师称为"点茶三昧手"。

9. 贡茶得官

北宋徽宗时期,宫廷里的斗茶活动非常盛行。上有所好,下必甚焉。为了满足帝皇大臣们的欲望,贡茶的征收名目越来越多,制作越来越"新奇"。

据《苕溪渔隐丛话》等记载,宣和二年(1120),漕臣郑可简创制了一种以"银丝水芽"制成的"方寸新"。这种团茶色如白雪,故名为"龙园胜雪"。郑可简因此受到宠幸,官升至福建路转运使。

后来,郑可简又命他的侄子千里到各地山谷去搜集名茶奇品,千里发现了一种叫"朱草"的名茶,郑可简便将"朱草"拿来,让自己的儿子待问去进贡。于是,他的儿子待问也果然因贡茶有功而得了官职。当时有人讥讽说"父贵因茶白,儿荣为草朱"。

郑可简等儿子荣归故里时,便大办宴席,热闹非凡。在宴会期间,郑可简得意地说"一门侥幸"。此时他的侄子千里,因为"朱草"被夺正愤愤不平,立即对上一句"千里埋怨"。

10. 吃茶去

"吃茶去",是很普通的一句话,但在佛教界,却是一句禅林法语。

唐代赵州观音寺高僧从谂禅师,人称"赵州古佛",他喜爱茶饮,到了唯茶是求的地步,因而也喜欢用茶作为机锋语。

据《指月录》载:有僧到赵州,从谂禅师问:"新近曾到此间么?"曰:"曾到",师曰:"吃茶去。"后院主问曰:"为什么曾到也云吃茶去,不曾到也云吃茶去?"师召院主,主应喏,师曰:"吃茶去。"

"吃茶去",是一句极平常的话,禅宗讲究顿悟,认为何时何地何物都能悟道,极平常的事物中蕴藏着真谛。茶对佛教徒来说,是平常的一种饮料,几乎每天必饮。因而,从谂禅师以"吃茶去"作为悟道的机锋语,对佛教徒来说,既平常又深奥,能否觉悟,则靠自己的灵性了。

八、职场连连看

留意喝茶细节,做一个有品位的茶人

饭桌、酒桌、茶桌都有相应的礼仪,喝茶是一件轻松休闲的事情,但一些必须知道的礼仪还是应该注意的,否则容易给他人造成不快。

1. 续茶

客人喝完杯中茶,并且到了"尾头",应尽快"续杯"。如果发现客人的杯子有茶渣,应该替客人重新洗杯,或者换杯。主人应熟悉茶品状况,若茶汤已现水味,应及时换茶。晚上品茶不宜太晚,适当注意观察,在喝得尽兴的时候,也应该掌握茶局结束的时间。

2. 茶点

在正规场合,品鉴好茶时不宜食用茶点,否则视为对茶的不尊重。食用的茶点,并不推荐重口味的蜜饯、奶糖类茶食,坚果类的零食比较适宜。喝茶到深夜,当备茶点。

3. 安排座位

为了配合长幼有序的礼节,尽量安排长辈或首席客人坐在泡茶人的最左方。原因是这

样一来,斟茶将会按照顺序,自左向右,最后到自己,如果将主宾的位置安排得不对,斟茶过程中如先给主客斟茶,则顺序将被打乱,从而变得无序。

4. 烧水壶蓄水

如遇宾客多,需要助泡协助烧水壶蓄水时,可以在需要蓄水时适当打开壶盖示意,避免高声要水,那样会使宾客感到尴尬。

5. 放置茶壶

放置茶壶时壶嘴不能正对他人,否则表示请人赶快离开。

6. 茶壶擦拭

有的人十分爱惜自己的壶。在冲泡中,难免淋壶擦拭,把玩摩挲,甚至多壶齐养,但不知道在自己的举手投足间,这些多余的动作,已经影响了客人品茶的注意力。同样的道理,品茶期间,整理茶台,擦拭桌椅,也让人以为主人要送客了。

7. 注意穿着

茶的本性是恬淡平和的。因此,品茗礼仪要求着装整洁大方,女性切忌浓妆艳抹,大胆暴露;男性也应避免乖张怪诞,如留长发、穿乞丐装等。除了仪表整洁外,还要求举止庄重得体,落落大方。

8. 知客位尊卑

如今很少有人知道"客位"的尊卑问题,虽然茶道里面讲究的是"主随客便"一说,不过喝茶的人多了,自然应该遵循这样的原则:面对主人,主人左手边的是"尊位"!顺时针旋转,由尊到卑,直到主人的右手边,不论茶桌的形式如何,这个是不变的铁律。

尊位的第一顺序为:老年人、中年人,比自己年纪大的人。其中师者、长者为尊,如果年龄相差不大,女士优先坐尊位。

9. 关于吸烟

喝茶严禁抽烟。

10. 控制言行

所谈话题,切不可说人是非,道他人长短。亦不宜眉飞色舞,击节拍案。气氛安静为上,方能品出茶之真味。

人与茶的那些
事儿PPT

人与茶的那些
事儿教学设计

人与茶的那些
事儿练习题

人与茶的那些
事儿微课

活动五　酒入豪肠诗芬芳

——说说唐诗中的酒文化

一、开讲啦

古人云:"无酒不成诗。"迷糊老师最大的愿望是能够穿越到唐朝,对一轮明月,或一人浅斟低唱,或三五知己对饮应和,或朋友圈里举杯畅饮,对酒而歌,临风吟诗,那才是人生一大快事! 文人与诗、酒总是形影不离,尤以唐朝为盛,无论是高歌人生得意,还是慰藉潦倒落魄,都能因酒生情,以酒传诗,从而谱写了一曲曲荡气回肠的诗酒乐章。那些浸润着生命本真的诗篇如一坛坛经历了岁月的佳酿,恒久弥香、醇厚悠长,形成了独具魅力的酒文化。下面,迷糊老师要带着大家一起走进诗酒唐朝,去触摸李白、杜甫、王维、王翰……等一个个璀璨的名字。

二、活动项目

寻找唐诗中的酒:不知是因为喜欢唐朝,还是因为爱上那种对酒当歌的洒脱,才会爱上那些诗篇,"钟鼓馔玉不足贵,但愿长醉不复醒""艰难苦恨繁霜鬓,潦倒新停浊酒杯""劝君更尽一杯酒,西出阳关无故人""葡萄美酒夜光杯,欲饮琵琶马上催"……你还记得唐诗中的那些关于酒的诗句吗? 让我们一起行动起来,找一找、评一评唐诗中的酒文化。

三、审美广角镜

唐诗中的酒文化排行榜之诉情酒——李白《将进酒》

君不见黄河之水天上来,奔流到海不复回。

君不见高堂明镜悲白发,朝如青丝暮成雪。

人生得意须尽欢,莫使金樽空对月。

天生我材必有用,千金散尽还复来。

烹羊宰牛且为乐,会须一饮三百杯。

岑夫子,丹丘生,将进酒,杯莫停。

与君歌一曲,请君为我侧耳听。

钟鼓馔玉不足贵,但愿长醉不复醒。

古来圣贤皆寂寞,惟有饮者留其名。

陈王昔时宴平乐,斗酒十千恣欢谑。

主人何为言少钱,径须沽取对君酌。

五花马,千金裘,呼儿将出换美酒,与尔同销万古愁。

《将进酒》书法

🌱**迷糊老师点评:**"钟鼓馔玉不足贵,但愿长醉不复醒""五花马,千金裘,呼儿将出换美酒",是何等的洒脱!我们无须感叹岁月蹉跎,无须悲伤功业未就,明月见证,二三知己,把酒畅饮,便是人生快乐的极致。这是一首直抒胸臆、磊落大气的饮酒诗。

经典指数:五星　　酒精指数:五星　　推荐指数:五星

唐诗中的酒文化排行榜之忧国酒——杜甫《登高》

风急天高猿啸哀,渚清沙白鸟飞回。

无边落木萧萧下,不尽长江滚滚来。

万里悲秋常作客,百年多病独登台。

艰难苦恨繁霜鬓,潦倒新停浊酒杯。

🌱**迷糊老师点评:**国破家亡,穷困潦倒,这是人生不能承受之重。诗人空有一番报国热情却无处抒发,只能借酒消愁愁上加愁,凌云壮志和悲凉现实之间形成了强烈的对比。这是一首沉郁伤怀、忧国忧民的饮酒诗。这一杯苦酒,这一种独酌的伤与痛,令人不敢尝试。

经典指数:五星　　酒精指数:三星　　推荐指数:三星

唐诗中的酒文化排行榜之离别酒——王维《送元二使安西》

渭城朝雨浥轻尘,客舍青青柳色新。

劝君更尽一杯酒,西出阳关无故人。

🌱**迷糊老师点评:**"自古多情伤离别",渭城朝雨为留客而下,浓浓柳色为留客而新,却不能阻挡离别的脚步。家国安危、战争纷扰、人生际遇、故人情谊,凝结成了此时此刻,酝酿成了一坛芬芳。酒中自有离别意,诗里尽道朋友情,这是一首关于友情的饮酒诗。今日知己对饮,明朝再无故人。

经典指数:五星   酒精指数:三星   推荐指数:四星

唐诗中的酒文化排行榜之征战酒——王翰《凉州词》(其一)

葡萄美酒夜光杯,欲饮琵琶马上催。

醉卧沙场君莫笑,古来征战几人回?

迷糊老师点评:只要有热血与豪情,苦寒边塞亦是天堂。今朝有酒当今朝醉,不管征战几人回。相聚日短,且集体畅饮。晶莹的夜光杯,殷红的葡萄酒,浓烈生命极致地绽放;醉卧沙场,笑面死亡,战士无法逃避的宿命。琵琶声里,战歌响起,这是一首保家卫国、壮怀激烈的饮酒诗。

经典指数:五星   酒精指数:五星   推荐指数:四星

四、思维大转盘

1. 找一找唐诗中还有哪些关于酒的诗。

2. 给这些酒诗分一分类,并说说分类的理由。

3. 搜索唐诗中与酒有关的典故,如酒具、酒宴、酒与诗人、酒与美食、酒与传统等,并用各种形式表达出来,可以声情并茂进行讲述,可以制作PPT,可以穿插合适的音乐进行朗诵或吟诵,也可以用绘画、小报等形式表现。

五、语言竞秀场

(一)介绍活动专题——不辜负最好的时光,遇见美酒的醇香

1. 我家酒事

讲述我家与酒相关的趣事。

2. 我之酒味盎然

讲述一次难忘的饮酒经历。

3. 我当品酒师

记录自己品酒的经历、体验。(购买并品尝4种绍兴酒——元红、加饭、香雪、善酿,感受它们的色泽、口感。)

（二）微写作活动专题——玩转酒桌出奇招

1. 改诗为祝酒词：改写唐诗中的诗句，创作一条别出心裁的敬酒词，发在班级微信群里，开展评选活动。示例：

日出江花红胜火，祝君生意更红火。——请经商下海者喝一杯

朝辞白帝彩云间，半斤八两只等闲。——赞饮者之好酒量

床前明月光，疑是地上霜。举杯约对门，喝酒喝个双。——与朋友对饮

2. 描写一个关于酒的片段：写一种你最熟悉的酒，150字左右的片段即可，时间为10分钟。请从以下三个方面任选其一进行写作。

温馨提示：写片段，要开门见山直奔正题，不需要拐弯抹角写一个长长的开头。

（1）写酒之色

调动视觉，观其色。如：呈琥珀色，即橙色，透明澄澈，纯净可爱，使人赏心悦目。

（2）写酒之香

调动嗅觉，闻其香。如：诱人的馥郁芳香令人难忘。

（3）写酒之味

调动味觉，品其味。如：甜味、酸味、苦味、辛味、鲜味、涩味等，不一而足，陶醉在酒之味中。

色香味俱全，方为你心目中的佳酿。

3. 写一段祝酒词：酒，是生活中必不可少的饮品，祝酒词便应运而生，借以表达祝酒人的内心想法，促进人与人之间的交流与沟通。祝酒词的应用场合非常之多，生日、庆典、职场都有它的影子。一番得体而引人入情的祝酒词更能打动人心，从而达到祝酒人想要的效果。请你写一段同学聚会时的祝酒词，300字左右。

注意祝酒词的一般格式。

（1）标题

如××单位新年聚餐祝酒词。

（2）称谓

称呼一般用泛称，可以根据到会者的身份来定，如"各位女士、各位先生""朋友们""同志们"等。为了表示热情和亲切、友好之意，前面可以加修饰语"亲爱的""尊敬的""尊贵的"等。

（3）正文

致词人（或代表谁）在什么情况下，向出席者表示欢迎、感谢和问候；谈成绩、作用、意义；展望未来，可结合当前的任务、使命。篇幅简短，语言口语化，态度热情。

（4）结尾

祝酒词的结尾，一般是呼告大家举杯欢庆，常用的句子如下：

请允许我为××,为××,干杯!

现在,我提议:为××,为××,干杯!

六、活动延伸线

行起酒令,感受一把酒文化

1. 学生寻找和确定自己的活动方式。(参考课题:李白和贺知章、王之涣、杜甫4人的联诗行令;《红楼梦》中的十种酒令;《聊斋志异》中《鬼令》等。)

2. 制订计划,做好准备。

(1)学生根据自己的兴趣、特长来分组。

(2)各组制订活动计划。

(3)师生共同探讨活动的途径及方法。

(4)各小组确定活动计划。

3. 各小组按计划通过各种途径查找资料。(如:上网查找资料,去图书馆查找资料,向家长请教等形式,搜集行酒令的方式与趣味故事。)

(1)教师关注各组资料储备情况,并随时提供点拨和帮助。

(2)小组之间互动,资源共享,使资料查找途径及储备更完整。

4. 各小组开展行酒令比赛。

5. 成果展示,体验成功。

(1)汇报本组人员分工、活动目标、活动经过、调研途径等情况。

(2)通过课件展示各小组同学行酒令的情况。

(3)学生结合实践过程谈认识,谈收获,谈感想,谈建议。

七、开心学国学

投醪劳师——最豪情的壮行酒

公元前492年,越国为吴国所败,越王勾践夫妇被作为人质,去吴国苦役三年。勾践回国后奋发图强,修明政治,臣民一心,扬风鼓帆,终于复国灭吴,报仇雪耻,留下了投醪劳师、壶酒兴邦的佳话。《吕氏春秋顺民篇》记载:越王勾践出师伐吴时,父老乡亲向他敬酒,他把酒倒在河的上游,与将士们一起迎流共饮,于是军民感奋,士气百倍,终于战胜吴国,一雪耻辱。那条河后人称为"投醪河",至今还在绍兴城南静静流淌着。

勾践雕像

37

第二章　民俗文化

——笑看一花一世界

我要带你们到自然的家里去

风过茶蕊,沙沙沙沙

几尺之外,又是新绿

花香钻进鼻子,红了小孩的脸庞

蝉鸣盛夏,绿了半边江

桃花千簇也不解愁

顽童一处,不知回家路

一草一木,一鱼一虫,皆有情致

　　童年的回忆里总离不开"冒险"。春天,喜欢去小溪沟抓螃蟹,去田野上捉青蛙,去花丛中捕蝴蝶;冬天,喜欢在院子里堆雪人,抑或在雪地里捕麻雀。我的小脚丫跑遍了山间的小路,蹚过了村里的小河。童年的回忆总是充满欢声笑语,它的味道是甜蜜,这是大自然赠予我的快乐。

　　长大后,我仍喜欢游逛于山林田埂,看那树上新生的嫩芽,便忍不住凑过去闻一闻——清新便油然而生了。我也喜欢闭上眼,去细心聆听那远近夏蝉的鸣叫,那潺潺的溪水。坐下来,深呼吸,一阵清爽洋溢在心灵;站起来,狂奔一阵,用尽全力大喊几声,就像嫩芽突破表皮,花瓣撑破骨朵,这就是大自然赠予我繁忙生活外的静谧。

　　有时,我又会想:在大自然的世界里,我们又是如何的渺小,像一粒沙,像一粒尘埃,但我们齐心汇集起来就是一座山,风把我们吹散,但我们又汇集在一起,又是一座山。为了我们生存的环境,我们必须热爱大自然,热爱大自然就是热爱自己。

活动一　昆虫总动员
——"玩虫"是一种文化

一、开讲啦

说起昆虫,它们作为自然界中的可爱生灵,不仅陪伴我们走过了天真烂漫的童年,还在唐宋时期的文学史上扮演了重要的角色。这个时期,各类昆虫频繁出现在文学作品中,呈现了一种与传统春花秋月、亭台楼阁等静态物象完全不同的文学面貌。在这个动态的、微观的世界里,蜜蜂谙熟"君臣之义"与传统儒家思想不谋而合;封建文士清高自苦的现实处境与螳螂捕蝉的生命危机相映相衬;春愁秋恨的离情别绪,借诗人笔下的暗夜孤萤和草际蛩吟得以抒发。无处不在、无时不有的昆虫意象丰富了文学的视域,以其丰富的文学意蕴昭示了其在文学史上不可忽视的地位。今天,迷糊老师就带领大家走进昆虫的世界。

二、活动项目

那些年我们一起学过广为流传、脍炙人口的《唐诗三百首》,在这三百首光辉篇章中,有一些与昆虫有关的诗句,是诗人以虫寓意、抒发情怀的。让迷糊老师带领大家一起去欣赏吧!

三、审美广角镜

昆虫排行榜之蚕——李商隐《无题》

春蚕到死丝方尽,蜡炬成灰泪始干。

🌿迷糊老师点评:传说养蚕是黄帝的元纪嫘祖首创,已有5200年以上的历史。总之,蚕儿浑身都是宝,对人类贡献极大。诗人以"春蚕到死丝方尽,蜡炬成灰泪始干"的名句抒发情怀,表示"老骥伏枥"之志和"鞠躬尽瘁"之心。唐代王建《田家行》诗云:"野蚕作茧人不取,叶间扑扑秋蛾生。"描述了蚕作茧化蛹、茧中出蛾的现象。

昆虫排行榜之蝉——王昌龄《塞上曲》

蝉羽化期多在夏季,所以有"蝉鸣空桑叶,八月萧关道"的诗句。

🌿迷糊老师点评:雄蝉的腹基部两侧有发音器,依靠振动发音器来"蝉鸣""蝉唱",如果清晨有露或大雨将至,蝉鸣则止、蝉唱暂休。故有"客去波平槛,蝉休露满枝"(李商隐《凉思》)的诗句。

虽然有"倚仗柴门外,临风听暮蝉"(王维《辋川闲居赠裴秀才迪》)的诗句,来抒发诗人清闲悠然的心境,但有的诗句却是借蝉声来表达诗人清高与思怀的。

如"西陆蝉声唱,南冠客思深"(骆宾王《在狱咏蝉》)。作者的高风亮节在其序中,以蝉喻之,描写得淋漓尽致!

"日夕凉风至,闻蝉但益悲"(孟浩然《秦中寄远上人》),抒发诗人对远方友人的思念。戴叔伦《画蝉》诗:"饮露身何洁,吟风韵更长。斜阳千万树,无处避螳螂。"可算是"螳螂捕蝉,黄雀在后"成语的意境再现。

昆虫排行榜之蝶——庄周梦蝶(《庄子·齐物论》)

昔者庄周梦为胡蝶,栩栩然胡蝶也,自喻适志与,不知周也。俄然觉,则蘧蘧然周也。不知周之梦为胡蝶与,胡蝶之梦为周与? 周与胡蝶,则必有分矣。此之谓物化。

🌿**迷糊老师点评**:自《齐物论》后,庄周梦蝶就成了文人墨客借物言志的重要题材,蝶梦也就成了梦幻的代称。杜甫诗《曲江二首》中写道:"穿花蛱蝶深深见,点水蜻蜓款款飞。"将蝴蝶在花丛中飞舞觅食、交配、产卵和蜻蜓点水产卵,一触即飞之状描绘得栩栩如生。北宋谢逸在《蝴蝶》中描述道:"狂随柳絮有时见,舞入梨花何处寻。"南宋杨万里《宿新市徐公店》诗云:"儿童急走追黄蝶,飞入菜花无处寻。"

昆虫排行榜之萤——杜牧《秋夕》

"银烛秋光冷画屏,轻罗小扇扑流萤"(杜牧《秋夕》),这是唐诗中的绝妙佳句,早已脍炙人口。

🌿**迷糊老师点评**:萤属于鞘翅目萤科,幼虫常在腐草堆中觅食小虫,故有"腐草为萤"之误。

萤具有昼伏夜出的习性,所以有"夕殿萤飞思悄然,孤灯挑尽未成眠"(白居易《长恨歌》)的诗句,写的是唐明皇夜不成寐思念杨玉环的情景。

昆虫排行榜之蝗虫

唐代戴叔伦在《屯田词》中写道:"新禾未熟飞蝗至,青苗食尽余枯茎。捕蝗归来守空屋,囊无寸帛瓶无粟。"

白居易在《捕蝗》中写道:"始自两河及三辅,荐食如蚕飞似雨。雨飞蚕食千里间,不见青苗空赤土。"

北宋苏轼在《次韵章传道喜雨》中写道："今年春暖欲生蝝,地上戢戢多于土。预忧一旦开两翅,口吻如风那肯吐。"

明代郭登在《飞蝗》中描述："飞蝗蔽空日无色,野老田中泪垂血。牵衣顿足捕不能,大叶全空小枝折。"

迷糊老师点评:说到中国的昆虫文化,不得不提到唐代的欧阳询。有专家考证,在公元641年,欧阳询编撰的《艺文类聚》就是最早将散落在中国民间的昆虫文化史料汇集起来的文献,其中包含了关于蝉、蝶、蚊、蝇、蛾、蚁、蝗、蜂、蟋、尺蠖、螳等昆虫的诗赋。

四、思维大转盘

1. 蟋蟀资料找一找:从相关资料中了解蟋蟀的住宅具有怎样的特点,并指出蟋蟀的生活习性。请各小组通过PPT的形式相互交流。

2. 怎样捕捉斗蟋蟀:了解了蟋蟀的住宅和生活习性,不妨去野地试试你的身手,抓一只属于自己的斗蟋蟀。并把你的准备过程和抓捕过程,用视频的形式记录下来,和大家分享。

3. 蟋蟀故事讲一讲:请找一找关于蟋蟀的寓言类小故事,相互探讨。

五、装虫竞技场

(一)手绘葫芦娃

活动一:亲手制装虫器具——葫芦。

葫芦作为畜养鸣虫之具,在长期的玩赏过程中,经过历代玩好者和艺人的不断努力,葫芦加工制作方法不断翻新,种类也愈来愈多,使本来属于天然之物的葫芦虫具逐渐发展为一种备受宠爱的特种工艺品。就制作方法来说,可分为本长、勒脖、范制火绘、砑花等多种;就葫芦的造型来说,更是千姿百态,精彩纷呈。将鸣虫装入虫具,或为鸣虫倒换虫具,都需采用适当的方法,方保鸣虫的安全;绝不可徒手擒来,随便塞入其中。各种鸣虫的身体都很娇嫩,稍有不慎,便会损伤其体。要根据鸣虫的习性,结合虫具的特点,选择方法。

(二)装虫竞技场

活动二:亲自给虫安一个家——装虫。

用葫芦饲养蟋蟀时,翻转葫芦将蟋蟀罩住,口边留些缝隙,轻轻吹气,虫即爬到葫芦中。蝈蝈以葫芦饲养,但要使它进入黑洞洞的葫芦中,也不是一件容易事,尤其是新虫。要手执葫芦,口朝下,从蝈蝈上前方将其罩住,然后轻轻摇动葫芦。这种动作往往要重复多次,蝈蝈才会向上爬入葫芦。这时应将葫芦提起,看蝈蝈是否进入葫芦的深处,如已进入可将葫芦胆塞入,然后盖上葫芦盖。上盖时还应看一下虫须是否在葫芦口处,免得挤断。有时蝈蝈趁葫芦尚未将其罩住的机会,突然窜出,这时要将葫芦迅速向上移开,然后再次慢慢罩住。此事不可性急,最忌用手生擒蝈蝈,硬塞入葫芦中。那样容易弄断蝈蝈后足,即使硬塞进,它也会突然转身逃出。畜养一段时间的蝈蝈,习惯了葫芦内的环境,再使之入内,就不是那么困难了。

六、活动延伸线

1. 蟋蟀品种知多少,小组竞赛,看图抢答。

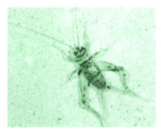

2. 以小组为单位汇报预习成果,展示各小组PPT。

3. 请找一找关于蟋蟀的寓言类小故事,相互探讨。

4. 观看斗蟋蟀视频,用你学到的知识看看哪一只蟋蟀能赢。

5. 斗一斗蟋蟀,选出班级里的"斗蟋蟀之王"。

七、开心学知识

四大鸣虫

鸣虫是指鸣叫声洪亮、动听悦耳,令玩者喜爱的昆虫。

鸣虫分为秋虫和冬虫,这是玩者几百年来在玩赏鸣虫的实践中划分的。秋虫是指立秋以后从自然界逮来的鸣虫,除了蛐蛐儿外还有其他如蛉虫类等。冬虫指的是冬天人工份养、怀揣聆听其鸣叫声的鸣虫。

鸣虫从昆虫学上讲可以分为两类,即蟋蟀类,如蛐蛐、金钟、油葫芦、梆子头以及南方各种蛉虫类,大约1000种;螽斯类:包括蝈蝈、扎嘴和纺织娘一类。蝈蝈是螽斯类鸣叫昆虫的主要代表。我国的疆土辽阔,以上两类鸣虫全国各地都有栖息。北京朋友将蟋蟀、金钟、油葫芦、蝈蝈称为"京城四大鸣虫"。

蟋蟀的名称很多,品相复杂,有普通蟋蟀——中华斗蟋,古代称为"促织",北方玩者叫蛐蛐,全国各地均有栖息虫源。雄虫叫二尾儿(尾儿,音 yir"乙儿"),雌虫叫三尾儿,属阴虫,喜阴暗,在田野、庄稼地和洞穴生活,因鸣叫声动听,又有天生好斗的习性,誉为"第一虫",雌虫不打斗。历代鸣虫玩赏家和昆虫学家对蟋蟀用途多有论述,蟋蟀是玩者喜爱的鸣虫之一。冬天人工份养的蟋蟀,行内称为"白虫",幼虫呈白色,只能聆听鸣叫,很少用来打斗。蟋蟀在昆虫学属直翅目的蟋蟀科昆虫,以鸣叫悦耳动听而闻名。

金钟是北方玩赏者的叫法,金钟的鸣叫声如同寺庙里铜钟的敲打声;南方爱好者叫马铃,和马儿耷头摇晃时的铃声相似,非常动听。金钟在南北方都有栖息虫源,金钟喜欢生活在阴暗潮湿的乱石下。在京城玩赏者中一直流传着昌平明陵是金钟产地的言论,随着旅游开发渐渐稀少。

金钟和油葫芦是蟋蟀类的直翅目鸣虫科昆虫,全国各地都有,怡养的、冬天聆听其声的金钟,人工份养的很多。

油葫芦人工份养的、各色齐全的虫源不易找到。据说宬双堂份养的油葫芦红眼、紫色、黄色叫声为佳。有"十三忧"之称(养鸟的朋友为给鸟压叫,说油葫芦有十三忧),金少山、余叔岩、谭氏家族专门选玩宬家份养的油葫芦。

螽斯类的蝈蝈也分夏虫和冬天人工份养的冬虫。蝈蝈南方叫"哥哥""蛐子",古人叫"蛞蛞"。螽斯类昆虫是最佳的鸣叫昆虫,品种较多,我国大江南北、黄河流域都有丰富的虫源。在螽斯类的鸣虫中,以蝈蝈为代表的佳虫,体型大,偏扁触角丝状,超过体长,胶质化较脆弱,前缘向下倾斜,有长翅和短翅之分。

《诗经》最早记录了《促织》一文,而"蝈"字最早见于《周礼·秋官·蝈氏》,释为"蛙",明代蝈蝈还叫"蛞蛞"。到了清乾隆时期,认为《周礼》为误注,"蛞蛞"由此变为"蝈蝈",按北京话蝈蝈要加儿化音,自此北京西山、燕山、鞍子沟,以"京蝈蝈儿"的诨号风靡于市。

冬天孵化份养的蝈蝈,怀揣鸣叫都以北京地区的为佳虫。

蝈蝈是一年生的昆虫,最多到秋尽,可活3个月,也叫百日虫。人工份养在生物学上,属不完全变态:卵——若虫——成虫,也叫三变态。份养的冬虫是从当年秋后采用的雌虫产下的卵,低温储藏到第二年七八月,在温房加温,经过7次脱壳成虫。人工份养蝈蝈要比份养蟋蟀、油葫芦难度大,都属三变态孵化过程。

八、职场连连看

职场5款最受欢迎的美食——舌尖上的昆虫

由于昆虫具有蛋白质含量高、蛋白纤维少、营养成分易被人体吸收、繁殖世代短、繁殖指数高、适于工厂化生产、资源丰富等特点,而成为理想的亟待开发的食物资源。实际上,早在1980年第五届拉丁美洲营养学家和饮食学家代表大会上,就有人提出为了补充人类食品,应该把昆虫作为食品来源的一部分。全球主要有527种昆虫被人们当作美味佳肴摆上餐桌。就地区分布而言,包括非洲36个国家、亚洲29个国家(尤以泰国、柬埔寨、印度、老挝等国家最盛),以及美洲23个国家和地区都将昆虫作为辅助性食品。

1. 野生蜂蛹

蜂蛹,又名蜂胎、蜂子,是蜂幼虫在封盖房未羽化的变态虫体。蜂蛹(包括雄蜂蛹、工蜂蛹及少许蜂王幼虫)在发育中均以王浆、蜂蜜、花粉为食,其营养丰富,是一种高蛋白、低脂肪、含多种维生素和微量元素的理想保健食品。据资料介绍,雄蜂蛹含蛋白质20.3%、脂肪7.5%、碳水化合物19.5%、微量元素0.5%、灰分9.2%、水分42%,尤其是维生素A大大超过牛肉、鸡肉,仅次于鱼肝油,维生素D的含量超过鱼肝油,是目前人们食用昆虫食品中的佼佼者,是真正的纯天然食品。

经常食用蜂蛹,温肾壮阳、益精血、养容颜、抗衰老,特别适用于神疲乏力、气虚头晕、夜多小便等,可帮助人们缓解肥胖、高血压等现代都市病。

2. 柴虫

柴虫,在云南是指咬木头的虫子。民间也称"财虫",发财兴旺之意。从山上砍回来的新鲜木柴,堆在空地上,要是这些木柴里面有虫子活着,往往就会发出虫子啃吃木头时的声音。柴虫无毒,富含蛋白质、脂肪、钙、磷、铁等。此虫经煎炸后,酥脆爽口,干香味美,是佐酒佳品。佤族人视为珍肴,常用来款待贵客。柴虫一般在温带亚热带地区生活,寄生于树木等落叶乔木内部,以啃食木头为生,多见于栎树的根部。如果栎树根部外面有一堆粪便,表明里面有虫子。

柴虫有延年益寿及养生美容的作用。柴虫烹制后体形却比原来长一半,有延年益寿及养生美容的作用。柴虫,高蛋白,低脂肪,养阴益肝,对阴虚盗汗、失眠、小儿"乞牙"及肺结核的营养补充等有很大的作用。

柴虫还具有活血化瘀、镇静安神、消肿之功效。主治跌打损伤,带伤血瘀,小儿惊风,经血不畅,崩漏带下,乳汁不下等。

3. 食用蚂蚱

蚂蚱含丰富的甲壳素。营养专家研究认为,甲壳素被誉为继蛋白质、脂肪、碳水化合物、维生素、矿物质之后的人体第六大生命要素。甲壳素可升高体液的pH值,改善体内酸性环境,可清除人体自由基,抑制过氧化物对人体组织细胞的损害,活化细胞,延缓衰老,能使体内毒素得以排除,达到排毒养颜的功效(日本将甲壳素作为污水处理的一种制剂)。因此,甲壳素被营养专家推荐为21世纪人类最后的珍宝。

活虫处理:采集→饥饿排粪(2—3小时)→开水烫(2分钟左右,蚂蚱由绿黄色变成棕色后,便捞出进行晾晒,并摘去翅膀、刺脚)→炸烤或冰箱速冻。

4. 竹虫

竹虫，又名竹蜂、竹蛆，广宁人把它称为"笋蛆"。它啃吃幼嫩竹笋吸收养分，20天内从米粒大小长到手指头般粗大，寄生在竹筒内，从竹尖逐节往下吃，最后藏于根部，体肥停食，准备破蛹而出。竹虫富含高蛋白、氨基酸。

幼虫呈长筒形、乳白色，富含蛋白质、氨基酸、脂肪酸、矿物质元素、维生素等营养成分，蛋白质含量可达30%—40%，氨基酸含量为29.90%，粗脂肪含量为60.42%，不饱和脂肪酸含量为55.9%，营养丰富。油炒或油炸脆后食用，味道鲜美，是下酒的首选。

5. 水蜻蜓

水蜻蜓是从水里捞出来的蜻蜓幼虫，个头和蜻蜓成虫差不多，但没有翅膀。经油一炸，体呈金黄。看着水蜻蜓一排排陈列在盘子里，没有一点胆量是下不了筷子的。但一经入口，又酥又香，消灭一盘水蜻蜓就不是难事了。

吃法推荐：油炸。

昆虫总动员视频	玩虫是一种文化 PPT	玩虫是一种文化 教学设计	玩虫是一种文化 练习题	玩虫是一种文化 微课

活动二　萌宠也有范
——金鱼与中国传统文化

一、开讲啦

中国的传统文化源远流长,而中国金鱼以及由它衍生出的金鱼文化,无疑是这条宽广深邃的大河之中一朵精致美丽的浪花。金鱼源自中国,近千年的传承与发展,使得这个美丽的精灵深深地烙上了中国传统文化的印记。

中国传统文化的正源是佛、道、儒三家的思想精髓。综观金鱼的整个发展历程,这三家的思想都在潜移默化地左右着中国金鱼的发展方向。东汉时,佛教传入中土,历六朝而入隋唐。佛经中戒杀、放生、普度众生的信条逐渐深入人心。人们不仅大规模放生,而且还大量建造放生池,更以律令的形式使之明确起来。

二、活动项目

"鱼,我所欲也,熊掌亦我所欲也;二者不可得兼,舍鱼而取熊掌者也。"作为金鱼爱好者的你,会"舍鱼而取熊掌"吗?请你找一找文史典籍中的金鱼。那些金鱼们曾经参与过古人的生活,见证着发展的历程。

三、审美广角镜

查找资料,了解金鱼与传统文化的紧密联系。

(一)金鱼命名与传统文化的联系

金鱼的命名也透露出浓厚的传统文化气息。其中,有的是以传统的祥兽瑞禽寓意命名,如龙睛、凤尾、鹤顶、狮头、虎头、熊猫等;有的是以生动的形态特征命名,如簪花、喜望天、玛瑙眼、梅花点、双灯照雪、牡丹仙子、白龙托玉、黄金满地、狮子滚绣球等等;有的直接借用词牌、曲牌名命名,如口镶红之"点绛唇"、朝天龙之"喜朝天"、水泡眼之"眼儿媚"、翻鳃之"珠帘卷"、堆肉之"玲珑玉"、珍珠之"一斛珠"、银蛋之"瑶台月"、红蛋之"小桃红"、红龙之"满江红"、紫龙之"紫玉箫"、乌龙之"乌夜啼"、青龙之"青玉案"、绒球之"抛球乐"、红头之"一尊红"、燕尾之"燕归梁"、五色小兰花之"多丽"、五色绒球之"五彩结同心"等。

在中国汉字中,金鱼的"鱼"与"余"同音。因此,金鱼就有金余的口彩。人们为了寓意年年有余,吉庆有余,经常将有金鱼形象的饰物带入家中。在颐和园的长廊彩绘中,皖南民居的砖雕石刻上,苏州园林的屏风窗格里,金鱼的形象无处不在。过年时,在窗户上张贴金鱼剪纸的窗花,墙上挂上杨柳青的金鱼年画,桌上养一缸锦鳞闪闪的金鱼——元宝红,大门上再贴上一副大红对联,写着:"岁岁进元宝,年年有金余。"金鱼又与金玉谐音,金在古语中常代指女儿,玉一般代指儿子,所以金鱼满塘就是金玉满堂,象征子孙满堂、人丁兴旺。

(二)金鱼与文人墨客的故事

金鱼是文人墨客笔下的常客,伟大的浪漫主义诗人屈原在《九歌》中写道:"乘白鼋兮逐文鱼,与女游兮河之渚。"这里的文鱼就是原始的金鱼(金鱼古称文鱼,文与纹相通,意为有颜色花纹的鱼。古书记载:鱼有文者,如今朱鲫之类)。而苏东坡在游览西湖,观赏该处金鱼后,欣然提笔写下了《去杭十五年复游西湖用欧阳察判韵》赞叹金鱼:"我识南屏金鲫鱼,重来附槛散斋余。还从旧社得心印,似省前生觅手书。"画家笔下的金鱼也是多彩多姿,在传世画作中,可见的有清代钱慧安《烹茶洗砚图》,描绘了"洗砚鱼吞墨,烹茶鹤避烟"的美好意境。虚谷上人的《梅花金鱼图轴》《紫绶金章》等画作中的金鱼古拙可爱。近现代的绘画大师齐白石、吴作人、刘奎龄、汪亚尘、赵少昂、杨善深,现代画家潘慬贵、凌虚均是画金鱼的高手。敬爱的周恩来总理曾经无限深情地说道:"中国金鱼至美,为和平、友好、团结之象征,画家宜多画。"

(三)鱼诗三首

鱼

[宋]欧阳修

秋水澄清见毛发,锦鳞行处水纹摇。

岸边人影惊还去,时向绿荷深处跳。

迷糊老师点评:这首诗描绘秋天荷塘的鱼,细腻生动,是一首玲珑剔透、生机盎然的写景小诗。读者仿佛看到成群的金鱼嬉戏相逐,在清流暖水中快乐自如地游来游去。

观游鱼

[唐]白居易

绕池闲步看鱼游,正值儿童弄钓舟。

一种爱鱼心各异,我来施食尔垂钩。

🌱**迷糊老师点评:**《观游鱼》是一首七言绝句。写人在池畔观鱼,有儿童在垂钩钓鱼,于是有感而发。后两句是说,爱鱼之心人各有异,我爱鱼给鱼施食,盼它长大;你却垂钩,为图己乐。两种心情是何等不同啊?

咏金鱼

[近代]周瘦鹃

吟诗喜押六鱼韵,鱼鲁常讹雁足书。

苦念家园花木好,愧无一语到金鱼。

铁鞋踏破纷华梦,车驾仓皇出古吴。

未识城门失火后,可曾殃及到池鱼?

🌱**迷糊老师点评:**近代著名作家周瘦鹃嗜金鱼成癖,且写了不少咏金鱼的诗。日寇侵华苏州陷落,周避难于皖南黟县南屏山村,他日夜顾恋苏州故园的金鱼,为此写下了这首咏金鱼诗,不仅表达思念之情,也寄托忧虑之心。第二年回到故园苏州时,一幅满园荒芜、花木凋零的惨象映入眼帘,五百尾活蹦乱跳的金鱼已荡然无存。周瘦鹃望缸兴叹,悲恸不已,含泪写下"书剑飘零付劫灰,池鱼殃及亦堪哀!他年稗史传奇节,五百文鳞殉国来"。他的咏金鱼诗用典贴切,感情真挚,读之令人深思联想,可称别具一格。

(四)鱼歌一首

鱼

我是一只鱼

望着鱼缸外的你

敲了敲玻璃

你对我微笑离去

游啊游啊我却快忘了你

甚至你和我的距离

依偎你在水中的倒影

满怀期待你再靠近

渴望躺在你温暖掌心

感受你 拥抱你 亲吻你

可惜我只能游个不停

装作鱼 只有七秒记忆

我是鱼 是鱼

我是一只鱼

听不懂你的言语

沉默在水里呼吸

舍不得闭上眼睛

游啊游啊我会再牢记你

还有你每一个表情

水灌进眼底无声无息

却模糊了你 隔开你

渴望躺在你温暖掌心

感受你 拥抱你 亲吻你

亲吻你

渴望躺在你温暖掌心

感受你 拥抱你 亲吻你

可惜我只能游个不停

装作鱼 只有七秒记忆

我是一只鱼

只有七秒的记忆

迷糊老师点评:《鱼》是由孙卓然作词,孙嫣然作曲和演唱的一首情歌,讲述了一只鱼对感情的追寻。描绘了梦幻的人鱼恋,虽然歌词简单,情感却很充沛,十分考验演唱者的唱功。这首歌曲从一开始便以凄美氛围直锁心房,无论"忘记"还是"牢记",字里行间都透着刺骨忧伤,高潮部分的一句"装作鱼只有七秒记忆"更是令众多网友表示太过悲凉,甚至"能听到瞬间心碎的声音",种种回忆跃然脑海之中。《鱼》催人泪下、共鸣感极强,业内外音乐爱好者均认为歌词起到点睛作用。无论"水灌进眼底无声无息",还是"装作鱼只有七秒记忆"都是泪点十足的细腻刻画。

姚贝娜演唱《鱼》

华谊音乐旗下当红歌手、华语乐坛顶级唱将姚贝娜曾获邀参加某大型原创音乐节目。节目中姚贝娜首唱暖心情歌《鱼》,节目播出后,点击量不断创新高,收获好评不断,当日该单曲视频点击量便飙破千万人气,并直线上升。而后短短三天内点击量更是突破五千万,引发网友热议。网友纷纷感慨从姚贝娜的歌声中感受到了一股温暖的力量。

四、活动延伸线

1. 收集有关描写金鱼的古诗句或文章。

2. 金鱼资料找一找:了解金鱼具有怎样的特点,请各小组通过PPT的形式相互交流。

3. 怎样喂养金鱼:喂养两条小金鱼,观察它们的生活习性,并把你观察到的通过文字记录下来,与大家分享。

4. 金鱼故事讲一讲:请找一找关于金鱼的寓言类小故事,相互探讨。

五、知识链接

金鱼品种大全

1. 草金鱼的主要特征:体形近似鲫鱼,具背鳍,尾鳍叉形,单叶。草金鱼的尾鳍有长尾和短尾之分,短尾者一般称草金鱼;长尾者称长尾草金鱼或称燕尾(国内有些品种的尾鳍和家燕的尾羽相似,因此得名)。英、美等国称"彗星"。发现金鲫鱼最早的时间,约在晋朝(265—420)。

2. 蛋种金鱼的主要特征:无背鳍,体形缩短,圆似鸭蛋。尾鳍有长尾和短尾两种类型,短尾者称"蛋",长尾者称"丹凤",其他各鳍均短小。高品质的蛋种金鱼,背部圆滑,呈弧形,最高点在背脊的中央。明确记载本品种鱼的较早时间是1726年(清朝雍正年间),蒋廷锡等(1726)《古今图书集成——禽虫典》有一金鱼图,图中有两条无背鳍的金鱼,即为蛋种金鱼。又据陈祯教授考证,1780年法国巴黎出版的《中国金鱼志》,图中凸眼金鱼已叫"龙睛",短身圆腹的金鱼已叫"鸭蛋鱼"或蛋金。

草金鱼

3. 文种金鱼:该品种是中国金鱼最古老的一种,由来已久,先后出现七十余种,其中名种颇多。一般身体较短,各鳍较长,有背鳍,尾鳍分叉为四;眼球平直不突出。名贵品种有鹤顶红、珍珠、虎头等。特点是体型短、头嘴尖、腹圆、眼小而平直,不凸于眼眶外。有背鳍并长有四开大尾鳍,从上俯视,鱼体犹如"文"字,所以得名"文种"。文系金鱼体色多为红、红黑、红白、蓝色及紫色及五色花斑等。

文种金鱼

文种分六大类:头顶光滑为文鱼型;头顶部具肉瘤为高头型;头顶肉瘤发达包向两颊,眼陷于肉内为虎头型;鼻膜发达形成双绒球为绒球型;鳃盖翻转生长为翻转型;眼球外带有半透明的泡为水泡眼型。

4. 琉金:属文种金鱼类。主要特征:头后部明显向上弓曲,头尖。腹部肥大,身体略呈三角形。根据中国陈帧教授(1955),日本松井佳一(1934)和熊谷孝良(1978)的记载:中国金鱼最早引入日本的时间约为1502年或1620年(明朝),从当时的贸易港口福建泉州运到日本;以后又经贸易港口多次运往日本的港口,据伍惠生(1997)纪述:这个品种是在1772—1778年由台湾传入日本,本类型金鱼称为琉金,现为日本畅销的品种之一,红白色的琉金最受饲养者的欢迎。早在1596年,张谦德的《朱砂鱼谱》就有过记载。

红白琉金

红白黑琉金

5. 土佐金:属文种金鱼。原产于日本土佐县。头尖,腹圆,体形略似琉金,但尾鳍硕大,且下面两片尾叶的两端向前翻转,游动时虽笨重,但静止时非常美丽,似水中盛开的花朵。土佐金、地金、南金三种金鱼,被日本指定为天然纪念物而受珍视,本品种金鱼适于从背部由上向下观赏。

土佐金

6. 绒球:有着正常眼,身体较长,只是鼻孔褶过分发育,形成绒球状,一般为左右两只绒球,随着游动,绒球上下飞舞,更有甚者,过大的绒球被金鱼自己的口吸进,随着一呼一吸,绒球一进一出,十分吸引人的目光。

7. 红顶白高头(鹤顶红):是闻名天下的金鱼品种之一,全身银白,头顶着鲜红色的肉瘤,拖着长长宽宽的尾鳍,游动时似仙鹤起舞,非常雅致。其中以肉瘤方正和厚实者为名贵鱼。人们除了喜欢鹤顶红的雅姿外,有的地区喜爱鹤顶红头顶上的"大红帽",有"鸿运"当头的吉祥寓意。鹤顶红金鱼源于中国的

红顶白高头

吉祥鸟——丹顶鹤。丹顶鹤不仅美丽,而且是象征长寿的吉祥鸟。有鉴于此,人们对鹤顶红金鱼的选择十分严格,其头顶上的红色肉瘤要方正且厚实,而且只能长在头顶,并不伸向两

颊,眼睛周围有红圈,身躯宽短,呈银白色,而且没有红色斑块,有宽大的尾鳍,与身同长,游动时异常优美。人们除了喜爱鹤顶红的美丽之外,还喜爱它"鸿运当头"的寓意。

8. 龙睛金鱼:这种类型金鱼的眼睛和传说中"龙"的眼睛相似,即眼球向两侧凸出眼眶之外,因此得名。自古以来,龙睛鱼被视为正宗金鱼,深受中国金鱼爱好者的喜爱,日本称它为"中国金鱼"。最早记载龙睛鱼的时间约为1592年,在屠隆的《考盘徐事》(1592年前后)中记述"第眼虽贵于红凸,然必泥此,

龙睛金鱼

无全鱼矣……",说明在1592年前,现在叫"龙睛"的金鱼已经出现了。

龙睛鱼凸出的眼球有各种形状,有圆球形、梨形、圆筒形、葡萄形等等,这种鱼在孵化后一个月左右,眼球开始凸出,最后要在2—3个月后才明显形成球状。由于龙睛鱼的眼球向两侧凸出,所以视力较差。龙睛金鱼内同样也有高头及绒球状鼻孔褶的品种,长有绒球状鼻孔褶的龙睛,其头部要呈三角形,嘴部尖小,这样眼球和鼻孔褶才显得突出。

金鱼与中国传统
文化PPT

金鱼与中国传统
文化教学设计

金鱼与中国传统
文化练习题

金鱼与中国传统
文化微课

活动三　传统游戏与民俗
——那些年我们一起玩过的游戏

一、开讲啦

2016年1月15日,火爆全国的真人秀节目《奔跑吧,兄弟》第三季完美收官。三季以来,该节目拥有绝佳口碑和超高收视率的原因,除了明星效应和独特的节目设计之外,还有节目中适当地融入了中国传统文化元素,打造出了具有中国特色的"跑男"文化。西湖、敦煌、乌镇、武汉等各地的风土人情,拔河、踢毽子、跳绳、跳马等传统小游戏在节目中展现,给观众带来快乐的同时,也极大地展现了各个地方的传统游戏与民俗风情。

网友评价说:"《奔跑吧,兄弟》用这些相当怀旧的游戏激活了人们对于快乐的重新认识,快乐不是坐在电脑前打一天游戏,而是和朋友们之间的合作与交流。"的确,由于物质生活、精神文明的不断进步,我们的文化生活也越来越丰富。民间传统游戏不可避免地面临着挑战,尤其是那些与社会发展不太适应的、易受客观条件和资源限制的,渐渐淡出了人们的生活与视线,但这并不代表已经消亡,还是存在于不少的记忆中。现在让我们一起来看一看"那些年,我们一起玩过的游戏……"。

二、活动项目

寻找那些年我们一起玩过的游戏。在信息化高速发展的现代,电脑、手机、网络成了我们形影不离的伴侣。鼠标一按,可以购物下单;手机一触,可以点餐送货;网络一点,可以搜索世界各地……于是,我们的生活圈子被限制在了方寸之地,我们也成了所谓的"宅男宅女"。每当这个时候,便分外怀念那些年我们一起玩过的游戏,放风筝、斗蟋蟀、骑竹马、抽陀螺……你还记得那些年我们一起玩过的游戏吗?让我们一起行动起来,远离网络游戏,走出城市的喧嚣,去听听田野的虫鸣,看看竹林中的笋尖,嗅嗅草原的花香,感受大自然的美好。

三、审美广角镜

那些年我们一起玩过的游戏之放风筝——高鼎《村居》

放风筝

草长莺飞二月天,拂堤杨柳醉春烟。

儿童散学归来早,忙趁东风放纸鸢。

🌱**迷糊老师点评**:草长莺飞,春日迟迟,孩子们放学归来早,趁着刮起的东风放起了风筝。他们的欢声笑语,使春天更加明媚而富有朝气。风筝出现于中国东周春秋时期,至今已2000多年的历史。相传墨翟以木头制成木鸟,研制三年而成,是人类最早的风筝。后来鲁班用竹子改进墨翟的风筝材质,从而演变成为今日的多线风筝。多线风筝是在竹篾等骨架上糊上纸或绢,拉着系在上面的长线,趁着风势可以放上天空,深受人们喜爱。春意融融,风和日丽,迷糊老师和你一起去放风筝,准备好了吗?

经典指数:五星　　　玩耍指数:三星　　　推荐指数:三星

那些年我们一起玩过的游戏之斗蟋蟀——蒲松龄《促织》(节选)

成有子九岁,窥父不在,窃发盆。虫跃掷径出,迅不可捉。及扑入手,已股落腹裂,斯须就毙。儿惧,啼告母。母闻之,面色灰死,大惊曰:"业根,死期至矣!而翁归,自与汝复算耳!"儿涕而出。未几成归,闻妻言,如被冰雪。怒索儿,儿渺然不知所往。既而得其尸于井,因而化怒为悲,抢呼欲绝。夫妻向隅,茅舍无烟,相对默然,不复聊赖。日将暮,取儿藁葬。近抚之,气息惙然。喜置榻上,半夜复苏。夫妻心稍慰,但儿神气痴木,奄奄思睡。成顾蟋蟀笼虚,则气断声吞,亦不复以儿为念,自昏达曙,目不交睫。

东曦既驾,僵卧长愁。忽闻门外虫鸣,惊起觇视,虫宛然尚在。喜而捕之,一鸣辄跃去,行且速。覆之以掌,虚若无物;手裁举,则又超忽而跃。急趋之,折过墙隅,迷其所往。徘徊四顾,见虫伏壁上。审谛之,短小,黑赤色,顿非前物。成以其小,劣之。惟彷徨瞻顾,寻所逐者。壁上小虫忽跃落衿袖间,视之,形若土狗,梅花翅,方首长胫,意似良。喜而收之。将献公堂,惴惴恐不当意,思试之斗以觇之。

村中少年好事者,驯养一虫,自名"蟹壳青",日与子弟角,无不胜。欲居之以为利,而高其直,亦无售者。径造庐访成,视成所蓄,掩口胡卢而笑。因出己虫,纳比笼中。成视之,庞然修伟,自增惭怍,不敢与较。少年固强之。顾念蓄劣物终无所用,不如拼博一笑,因合纳斗盆。小虫伏不动,蠢若木鸡。少年又大笑。试以猪鬣毛撩拨虫须,仍不动。少年又笑。屡撩之,虫暴怒,直奔,遂相腾击,振奋作声。俄见小虫跃起,张尾伸须,直龁敌领。少年大骇,急解令休止。虫翘然矜鸣,似报主知。

成大喜。方共瞻玩,一鸡瞥来,径进以啄。成骇立愕呼,幸啄不中,虫跃去尺有咫。鸡健进,逐逼之,虫已在爪下矣。成仓猝莫知所救,顿足失色。旋见鸡伸颈摆扑,临视,则虫集冠上,力叮不释。成益惊喜,掇置笼中。

翼日进宰,宰见其小,怒呵成。成述其异,宰不信。试与他虫斗,虫尽靡。又试之鸡,果如成言。乃赏成,献诸抚军。抚军大悦,以金笼进上,细疏其能。既入宫中,举天下所贡蝴蝶、螳螂、油利挞、青丝额……一切异状,遍试之,无出其右者。每闻琴瑟之声,则应节而舞。益奇之。上大嘉悦,诏赐抚臣名马衣缎。抚军不忘所自,无何,宰以"卓异"闻。宰悦,免成役。又嘱学使,俾入邑庠。后岁余,成子精神复旧,自言身化促织,轻捷善斗,今始苏耳。抚军亦厚赉成。不数年,田百顷,楼阁万椽,牛羊蹄躈各千计;一出门,裘马过世家焉。

迷糊老师点评:《促织》是《聊斋志异》中的名篇,作者通过写成名一家被官府逼迫交纳蟋蟀以致倾家荡产,但又终于致富的故事,深刻揭露了封建徭役的残酷,辛辣地讽刺了"一人飞升,仙及鸡犬"的丑剧,有深刻的社会意义。文中的斗"促织"就是斗"蟋蟀",是一种用蟋蟀相斗取乐的娱乐活动。炎炎夏日,小伙伴们在野草丛中抓来两只蟋蟀,放在器具中,用小草逗弄,一争高下。整个过程紧张刺激,童趣盎然。

经典指数:五星　　玩耍指数:二星　　　推荐指数:二星

那些年我们一起玩过的游戏之骑竹马——陆游《观村童戏溪上》

雨余溪水掠堤平,闲看村童谢晚晴。

竹马踉跄冲淖去,纸鸢跋扈挟风鸣。

三冬暂就儒生学,千耦还从父老耕。

识字粗堪供赋役,不须辛苦慕公卿。

迷糊老师点评:"竹马"是以竹子代马骑为戏,始见于汉代。竹马的制作有简有繁,最简单的就是将一根竹竿捆捆扎扎置于胯下，小孩自己就能完成。在孩子的游戏里，骑上竹马就仿佛骑上了真马，左冲右撞，不管不顾，完全沉醉在自己的快乐里。说到这里，迷糊老师忽然想起了鸟叔的《江南 Style》，或许我们可以一起玩一下现代版的骑竹马。

经典指数：五星　　　玩耍指数：二星　　　推荐指数：三星

那些年我们一起玩过的游戏之抽陀螺——柏文革《抽陀螺的快乐童年》

不经意地打开抽屉，发现以前削给儿子玩的陀螺，光质已经黯淡了许多，腔部嵌进去的钢珠也生锈了。我找来一截短杆，系了根布带子，打算到门口水泥晒场上玩玩，看看自己还能不能抽得起来了。老婆见了直嚷，回来回来，不怕过路的见了笑话。心里只顾想到玩了，哪里会去考虑那么多。

小时候，我们这些农村孩子们可喜欢抽陀螺了，多半是因这玩具不花钱，做起来容易。拿把锯子，沟坎上走走，看见有小胳膊粗细的树枝，上去就锯。桑树的材质最好，质密，骨子沉，没有空芯，削制的陀螺转得平稳。楝树的有空芯，在下面嵌一粒钢珠，效果也不错。如果斧头、锯子好使，做好一只陀螺一般不会需要太长的时间。

抽陀螺

那时候的上学路上，随处都可以看到孩子们抽陀螺的身影，他们在陀螺的颈部缠上几圈，然后靠到地面，鞭子一扬，陀螺就听话似的转了起来，接着"叭叭"地抽，只要不倒在路边"死"掉，甭管它，你就一鞭一鞭地跟着，往着学校的方向撵。有的同学两手一搓，往空中一抛，落到地面上的时候，赶紧抽一鞭子，很快就平稳了。有的同学干脆丢在地上，找准位置一抽，它就乖乖地爬起来直转。那时候的我们营养不好，浑身不知哪来的劲，鞭子抽得满天响，就是没有一个叫累的。一个撵着一个，上衣的扣子都解了，脸上汗淋淋的满是污渍。晚黑了，大人们放工回家把晚饭做好，远远地站在房前屋后喊，才收起鞭子，捡起快要看不清的陀螺，恋恋不舍地回家。

逢到节假日，更是孩子们的天下。他们大多聚集到学校操场上，生产队的晒场上，那里的地方旷，抽起来过瘾。玩的时候往往喜欢比赛，其规则也很简单，如果一方的陀螺滚到在路旁、河边或是农田里，"罢"转了，就算输了，不能再继续玩，要等参赛的一方也抽"死"了，才能进行新一轮比赛。有的孩子尽管准备得很好，但过不了多久，不知是抽错了位置，还是陀螺不听话，早早地滚到一边，不肯起来了。会投机取巧的孩子，这时会趁人不在意，将"死"陀螺抽活了，继续玩。如果没有这个本事，也只能捡起陀螺，眼睁睁地看着，这时对方开始得意，不紧不慢地抽，悠哉悠哉地抽，馋你。那个时候没有玩具玩，就喜欢抽抽陀螺，谁愿意等啊,就上去踢对方的陀螺,对方也不示弱,会推搡你一下,发泄一下就行了,然后继续比,没有因此伤了和气。友谊第一,比赛第二嘛!

如今我们那帮孩子都早已步入中年,还在忙忙碌碌,为生计奔波。有时想想,我们正是像陀螺一样,一天到晚转个不停,只是没有一个叫累的,这大概因了童年的快乐,生活才一直快乐着。

🌱**迷糊老师点评**:抽陀螺,俗称抽"汉奸",用木料制成圆锥形,锥底镶嵌小钢珠,或钉上小铁钉,一般高六厘米左右,直径四厘米左右,上顶平面圆锥外体都画上颜色。杂货铺都有卖的,卖时还要附带一小木棍拴成的小鞭子。玩时先用鞭绳在陀螺锥体上部圆柱上一圈圈缠绕,越紧越好。然后,用拇指按住陀螺上面,三四指卡紧,拖住下端,另一只手将鞭子迅速抽动,使陀螺在地面上旋转起来。也可以不用鞭子,用双手使其旋转,然后用小鞭子抽。可一人玩,也可多人玩,老少妇幼皆宜。想不想试一试?

> 经典指数:四星　　玩耍指数:五星　　推荐指数:四星

四、思维大转盘

1. 游戏作为中华民族民俗文化中的一种典型的民间艺术,真实地记录了人类文化发展的轨迹。所以,传统游戏与民俗有着千丝万缕的联系。上网搜索我国有哪些传统游戏。

2. 给这些游戏排一排顺序,并说说排序的理由。

3. 搜索与游戏相关的典故、诗歌、散文等,并用各种形式表现出来,可以声情并茂地进行讲述,可以制作PPT,可以用音乐形式表达,也可以用绘画形式表现……

五、语言竞秀场

游戏,让生活更美好

1. 秀一秀:拍摄游戏道具制作和游戏过程的照片,配以不少于20字的说明文字,上传微信,并集满30个赞。

2. 读一读:阅读丰子恺的《忆儿时》,体会名家儿时的回忆情怀。登录网址 http://www.sanwen8.cn/subject/251433/。读散文《风筝》,学习作者富有张力的写作语言。

3. 写一写:很多游戏都是伴随着同学们的父母长大的,承载了父母很多儿时的回忆。请和父母一起制作至少一个游戏道具,越多越好。每个同学从游戏道具制作、游戏方式,对现代游戏与传统游戏的感受等方面写一篇不少于300字的玩后感。

六、活动延伸线

我们一起来做游戏

1. 游戏类型挑一挑：全班同学分为四组，每组从放风筝、斗蟋蟀、骑竹马和抽陀螺四个游戏中各选一个游戏。

2. 游戏道具做一做：请在网上搜索制作相关游戏道具的方法，团队分工合作制作游戏道具。

3. 游戏规则讲一讲：各组收集每个游戏的游戏规则，并与同学相互交流，让对方了解规则。

4. 游戏比赛试一试：选择上述游戏中的两三个进行比赛，选出四位"游戏之星"，并发放奖励（如一本游戏过程拍摄的照片相册）。

5. 游戏心得谈一谈：游戏之星负责讲述游戏过程及游戏感受。

七、开心学国学

秋 千

秋千原是北方少数民族山戎进行军事训练的工具，相传春秋时齐桓公打败山戎后传入南方，后来演变为一种游戏用具，汉代之后成为各种节日中的固定娱乐项目。据《开元天宝遗事》记述，天宝年间，宫廷非常盛行这种游戏，唐玄宗称之为半仙戏。相对于骑竹马放风筝，女孩子更喜欢荡秋千，"纸花如雪满天飞，娇女秋千打四围"（清代郑燮《怀潍县》），"下来娇喘未能调，斜倚朱阑久无语"（韩偓《秋千》）。"偷去长丝缚小板，牵人花底看秋千"，这是清高凤翰的《又小娃诗再效前体》一诗中的句子，写的也是女孩子在游戏，被后人称为"左家情趣"。荡秋千不仅孩子喜欢，也是成年女性的消遣方式，"美人寒食事春风，折尽青青赏尽红。夜半无灯还有睡，秋千悬在月明中"（薛能《寒食日题》）。在婉约派词中，秋千是非常普遍的意象，"墙里秋千墙外道"（苏轼《蝶恋花》），"乱红飞过秋千去"（欧阳修《蝶恋花》），"黄昏疏雨湿秋千"（李清照《浣溪沙》），词人通过秋千来写女性的生活，给读者留下丰富的想象空间。

放 牛

"借问酒家何处有？牧童遥指杏花村""牧童归去横牛背，短笛无腔信口吹"，我国古时候的乡村儿童总是和耕牛联系在一起，称作"牧童"。乡下人家的孩子自小就开始帮助大人放牛，放牛虽然是一种劳动，但爱玩儿是儿童的天性，因此许多游戏又与放牛密不可分。牛背上一把短笛，信口吹来，孩子们足以打发百无聊赖的时光。"朝牧牛，牧牛下江曲。夜牧牛，牧牛度村谷。荷蓑出林春雨细，芦管卧吹莎草绿。乱插蓬蒿箭满腰，不怕猛虎欺黄犊。"唐代李

涉这首《牧童词》记录了一个智慧而勇敢的小放牛郎,为了吓跑野兽,在身上插满了用蓬蒿制成的短剑,他怪怪的样子足以令猛虎绕道而行。

女孩子的模仿游戏

受封建礼教束缚,古代女孩子不能像男孩子那样在外面尽情玩耍,她们的游戏多是模仿身边的女眷。"幼女才六岁,未知巧与拙。向夜在堂前,学人拜新月。"唐代诗人施肩吾小女儿刚刚六岁,尚不能分辨巧与拙的含义,在七夕节的夜晚,也学着大人的样子,礼拜弯弯的新月,向月神乞巧,她那弄巧成拙的小模样令人忍俊不禁。"下床着新装,初学小姑拜。低头羞见人,双手结群带。"明代毛铉笔下的小女孩穿上新衣裳,学着新娘子的样子拜堂行礼,人家看见了她十分害羞,低下头,双手不住地摆弄裙带掩饰羞态。

八、职场连连看

职场减压小游戏

1. 自生训练

"我的右臂很沉……我的左臂很沉……我的腹部很温暖……我的额头很凉……"随着心理老师缓慢而不失节奏感的指导,每个人都开始陷入一种飘然而迷醉的状态。让自己感觉心脏非常缓慢而规律地跳动,四肢很沉,头脑中一片空白,意识似乎也若有若无,不想睁开眼睛,感觉非常放松。

这就是"自生训练",是一种由练习者通过心理暗示来体会肢体不同变化感受的减压方式。

2. "烦恼的小人"帮你找出压力源

在地板上画出一个大大的人形,包括完整的头部、颈部和四肢。然后邀请游戏者自由站在自己认为压力最大的身体部位上,并且同与自己选择一致的伙伴交流压力的感受和原因。

压力之所以给人们带来很大困扰,主要是由它的"无形感"引发的"无措感"造成的。当你选择站在"人形"的某个部位,实际上就已经将自己的压力以"物化"的方式暴露出来,然后再通过与伙伴的交流使这种压力逐渐清晰和明朗。明确压力的过程,就是"减压"的过程。

3. "说真话的替身"暴露潜台词

游戏由4个人共同完成。2个人分别扮演经理和下属,进行日常的工作交流。另外2个人站在他们身后作为"替身",每当他们感觉到自己的"主角"言不由衷的时候,就会果断喊停,然后将他们想说而没有明说的话讲出来。

这是一个能够很好培养"共情心理"的游戏。通过参加者不同的角色扮演,他们既能够将平日里隐藏的"潜台词"全部暴露出来,也能够站在另一个角度体会上司(或下属)的处境与不易。真实地了解才能保证有效的沟通,猜忌、隐瞒和怀疑常常是职场压力的元凶之一。

4."心情写字板"直接宣泄压力

将你所烦恼的事情和所有的坏感受统统写在一张很大的白纸上,四周留白。然后所有参加者坐在一起,在统一的号令下尽情撕扯这张纸,越碎越好。可以一边撕一边念叨着"我才不在乎""滚远一点"等非常直白的话语。

将烦恼和不快写出来,是一个明确压力的过程。四周留白,会给游戏者一种"表达压力,但不人为渲染和扩大"的心理暗示。通过"撕纸"这种带有一定暴力性质的方式,内心的抑郁和焦虑等压力感形似被"摧毁"一般,是一种比较直接的宣泄手段。

传统游戏与民俗
PPT

传统游戏与民俗
教学设计

传统游戏与民俗
练习题

传统游戏与民俗
微课

活动四　名花倾国两相欢
——中国名花排行榜

一、开讲啦

花香扑鼻的季节,迷糊老师常常觉得心情舒坦惬意,视野明朗开阔。是啊,竞相开放的花朵滋润着我们的生活,陶冶着我们的情操。中国的名花蕴含着不同层面的精神文化底蕴,有着深厚而浓重的历史内涵,在花卉界独树一帜,标志着我国传统文化的非凡意义,它们色彩艳丽而又不失高贵品质,花卉各自的花语更是深得人心。大家是不是迫不及待想要了解这些名花了呢?好,今天迷糊老师就顺应"民心",带同学们徜徉花海,赏一赏中国十大名花。

二、活动项目

北宋文学家周敦颐在其代表作《爱莲说》以"水陆草木之花,可爱者甚蕃"开篇,你喜欢哪一种或者哪几种花,在名花的排行榜中它们是否榜上有名?让我们以自己善于发现美的眼睛和一颗慧心,瞧一瞧花的姿容与意蕴,聊一聊花的赞誉及典故,并且写一写最喜爱的花卉。

三、审美广角镜

牡丹的拒绝

张抗抗

它被世人所期待、所仰慕、所赞誉,是由于它的美。它美得秀韵多姿,美得雍容华贵,美得绚丽娇艳,美得惊世骇俗。它的美是早已被世人所确定、所公认了的。它的美不惧怕争议和挑战。

　　有多少人没有欣赏过牡丹呢？却偏偏要坐上汽车火车飞机轮船,千里万里跋山涉水,天南海北不约而同,揣着焦渴与翘盼的心,滔滔黄河般地涌进洛阳城。

　　欧阳修曾有诗云:洛阳地脉花最宜,牡丹尤为天下奇。

　　传说中的牡丹,是被武则天一怒之下逐出京城,贬去洛阳的。却不料洛阳的水土最适合牡丹的生长。于是洛阳人种牡丹蔚然成风,渐盛于唐,极盛于宋。每年阳历四月中旬春色融融的日子,街巷园林千株万株牡丹竞放,花团锦簇香云缭绕——好一座五彩缤纷的牡丹城。

　　所以看牡丹是一定要到洛阳去看的。没有看过洛阳的牡丹就不算看过牡丹。况且洛阳牡丹还有那么点来历,它因被贬而增值而名声大噪,是否因此勾起人的好奇也未可知。

　　这一年已是洛阳的第九届牡丹花会。这一年的春却来得迟迟。

　　连日浓云阴雨,四月的洛阳城冷风飕飕。

　　街上挤满了从很远很远的地方赶来的看花人。看花人踩着年年应准的花期。

　　明明是梧桐发叶,柳枝滴翠,桃花梨花姹紫嫣红,海棠更已落英纷纷——可洛阳人说春尚不曾到来;看花人说,牡丹城好安静。

　　一个又冷又静的洛阳,让你觉得有什么地方不对劲。你悄悄闭上眼睛不忍寻觅。你深呼吸掩藏好了最后的侥幸,姗姗步入王城公园。你相信牡丹生性喜欢热闹,你知道牡丹不像幽兰习惯寂寞,你甚至怀着自私的企图,愿牡丹接受这提前的参拜和瞻仰。

　　然而,枝繁叶茂的满园绿色,却仅有零零落落的几处浅红、几点粉白。一丛丛半人高的牡丹枝株之上,昂然挺起千头万头硕大饱满的牡丹花苞,个个形同仙桃,却是朱唇紧闭,皓齿轻咬,薄薄的花瓣层层相裹,透出一副傲慢的冷色,绝无开花的意思。偌大的一个牡丹王国,竟然是一片黯淡萧瑟的灰绿……

　　一丝苍白的阳光伸出手竭力抚弄着它,它却木然呆立,无动于衷。

　　惊愕伴随着失望和疑虑——你不知道牡丹为什么要拒绝,拒绝本该属于它的荣誉和赞颂?

　　于是看花人说这个洛阳牡丹真是徒有虚名;于是洛阳人摇头说其实洛阳牡丹从未如今年这样失约,这个春实在太冷,寒流接着寒流,怎么能怪牡丹? 当年武则天皇帝令百花连夜速发以待她明朝游玩上苑,百花慑于皇威纷纷开放,唯独牡丹不从,宁可发配洛阳。如今怎么就能让牡丹轻易改了性子?

　　于是你面对绿色的牡丹园,只能竭尽你想象的空间。想象它在阳光与温暖中火热的激情;想象它在春晖里的辉煌与灿烂——牡丹开花时犹如解冻的大江,一夜间千朵万朵纵情怒放,排山倒海惊天动地。那般恣意那般宏伟,那般壮丽那般浩荡。它积蓄了整整一年的精气,都在这短短几天中轰轰烈烈地迸发出来。它不开则已,一开则倾其所有挥洒净尽,终要开得一个倾国倾城,国色天香。

　　你也许在梦中曾亲吻过那些赤橙黄绿青蓝紫的花瓣,而此刻你须在想象中创造姚黄魏紫豆绿墨撒金白雪塔铜雀春锦帐芙蓉烟绒紫首案红火炼金丹……想象花开时节洛阳城上空被牡丹映照的五彩祥云；想象微风夜露中颤动的牡丹花香；想象被花气濡染的树和房屋；想象洛阳城延续了一千多年的"花开花落二十日，满城人人皆若狂"之盛况。想象给予你失望的纪念，给予你来年的安慰与希望。牡丹为自己营造了神秘与完美——恰恰在没有牡丹的日子里，你探访了窥视了牡丹的个性。

其实你在很久以前并不喜欢牡丹，因为它总被人作为富贵膜拜。后来你目睹了一次牡丹的落花，你相信所有的人都会为之感动：一阵清风徐来，娇艳鲜嫩的盛期牡丹忽然整朵整朵地坠落，铺散一地绚丽的花瓣。那花瓣落地时依然鲜艳夺目，如同一只奉上祭坛的大鸟脱落的羽毛，低吟着壮烈的悲歌离去。牡丹没有花谢花败之时，要么烁于枝头，要么归于泥土，它跨越委顿和衰老，由青春而死亡，由美丽而消遁。它虽美却不吝惜生命，即使告别也要留给人最后一次惊心动魄的体味。

所以在这阴冷的四月里，奇迹不会发生。任凭游人扫兴和诅咒，牡丹依然安之若素。它不苟且不俯就不妥协不媚俗，它遵循自己的花期自己的规律，它有权利为自己选择每年一度的盛大节日。它为什么不拒绝寒冷？！

天南海北的看花人，依然络绎不绝地涌入洛阳城。人们不会因牡丹的拒绝而拒绝它的美。如果它再被贬谪十次，也许它就会繁衍出十个洛阳牡丹城。

于是你在无言的遗憾中感悟到，富贵与高贵只是一字之差。同人一样，花儿也是有灵性、有品位之高低的。品位这东西为气为魂为筋骨为神韵只可意会。你叹服牡丹卓尔不群之姿，方知"品位"是多么容易被世人忽略或漠视的美。

经典指数：四星　　芬芳指数：五星　　推荐指数：四星

名家有约

张抗抗

张抗抗是当代著名女作家，1950年7月生于浙江杭州。代表作有长篇小说《隐形伴侣》《赤彤丹朱》《作女》《张抗抗自选集》等。作为20世纪中国文学最后辉煌时期的代表作家之一，张抗抗在创作上虽然已经取得了不同凡响的成就，但她依然锲而不舍，以敏锐的艺术嗅觉感觉时代运行的脚步声，追求作品艺术风格的建立与完善，提升思想的深度与哲学意蕴。她一方面以女性特有的细腻、敏锐情怀透视人类心灵；另一方面，又认为"作家承载着一定的道义"，因而她的作品不被感觉和情绪左右，温婉优雅的气韵中包含理性思考。

迷糊老师点评：张抗抗的文字以深邃而独到的思索见长，《牡丹的拒绝》这篇散文没有像众多描写牡丹的作品那样一味赞美其雍容华贵、绚丽多姿,而是独辟蹊径,通过对牡丹花开花落的描写,着力赞美牡丹的拒绝,赞扬牡丹不慕虚华、对生命执着追求的精神。

作者在文中恰到好处地引用了牡丹被贬洛阳的典故,在充满传奇色彩的历史传说中,展现了它"绝世容颜"背后的内在气韵和风骨。作者表示牡丹一度拒绝令人震慑的皇威而甘愿被发配,也不轻易改了遵从自我的性子;它"要么烁于枝头,要么归于泥土,它跨越委顿和衰老,由青春而死亡,由美丽而消遁","不苟且不俯就不妥协不媚俗"。正是这种"为气为魂为筋骨为神韵"的高贵,造就了牡丹的不同寻常。

作者灌注了更多的理性意味,写牡丹之超凡脱俗,亦是在暗喻人的品性。

四、思维大转盘

1. 作者笔下的牡丹具备了怎样独特的品格?以文会友和同学谈谈你的感受,并在笔记本上写下自己的体悟。

2. 小组合作交流自己喜爱的花卉,它有何与众不同之处。

3. 搜集与中国传统名花相关联的名言佳句,加深理解。

五、语言竞秀场

(一)介绍活动专题——争奇斗艳,花香曾惹时人醉

1. 分组比赛

小组竞赛以图片、文字、影像等形式出示抢答题、必答题和风险题,考查同学对传统名花的了解程度,评选出"团队合作奖""最优创意奖""最佳表现奖"等奖项。

2. 心香一瓣

好好揣摩自己喜欢的花卉,与小伙伴们美美地交流分享。

(二)微写作活动专题——妙笔生花,墨韵留待丹青绘

集思广益,出一期介绍花卉的黑板报或手抄报。

六、活动延伸线

1. 有声有色。

制作展示中国传统名花的PPT、flash动画,夯实学习成果。

2. 才艺比拼。

举办一场以赞美花卉为主题的班级歌咏比赛或诗歌朗诵会。

温馨提示:配文力求绘声绘色,雅俗共赏,以学生自主撰写的小文为佳。配图切合所选花卉特质。

七、开心学国学

1986年11月开始至1987年4月结束的,由上海园林学会、《园林》杂志社、上海电视台、上海文化出版社联合举办的"中国传统十大名花评选"活动共参评名花22种。这次评选标准以栽培历史悠久、观赏价值特高、富有民族特色为三个基本条件,参评人群涵盖了各行各业,各年龄段,同时受到了国际人士的关注,评出十大名花如下。

梅花

第一名:凌霜傲雪的梅花

梅花是春的使者,"俏也不争春,只把春来报",梅花冰清玉洁,高雅俊俏,为人们带来祥和温暖的春天气息,给世间增添活力和生机。梅花又被称作红梅,它凌霜傲雪、迎寒飘香,象征着中华民族坚贞不屈的伟大风骨。

牡丹

第二名:统领群芳的牡丹

牡丹栽培历史悠久,雍容华贵,富丽堂皇,从唐代起就被推崇为"国花",地位尊贵。"百花丛中最显眼,众香国里最壮观"。在人民群众的心目中,牡丹是美的化身,纯洁的象征。

菊花

第三名:独立冰霜的菊花

菊花耐得春夏彷徨,迎来秋色傲寒霜,具有不畏强暴、傲然不屈的高尚品格。菊花恬然自处、淡泊清华、自强不息、不趋炎附势、不媚权贵,可谓高风亮节。

兰花

第四名:从容淡雅的兰花

兰花,素有"花中君子""王者之香"的美誉。深居幽谷高贵典雅、花姿优美、叶态脱俗、幽香四溢、宁静淡然,寓意高洁、独秀。

第五名:热情如火的月季

月季又名月月红,四季盛开,娇而不媚,生命力顽强,是世界著名花卉。月季有牡丹的华贵,有荷花的清直,更有幽兰的秀致、梅菊的傲骨,寓意美好,寄托希望。

月季

第六名:繁花似锦的杜鹃

杜鹃生长广泛,歌颂生命,赞美春天,有"花中西施"的美称。人如花者颇多,而花喻人确实颇少;名曰"花中西施",给点阳光,红遍山冈。

杜鹃

第七名:富丽堂皇的茶花

茶花是花中娇客、花中珍品,盛开时如火如荼,灿如云霞。茶花四季常青,冬春之际开红、粉、白花,花朵宛如牡丹。

茶花

第八名:清新脱俗的荷花

荷花出淤泥而不染,娇艳但不失清纯,雍容大度却不哗众取宠,清香中透着谦逊,柔弱里带着刚直。在如火的夏日,散发着幽幽清香。

荷花

第九名:十里飘香的桂花

桂花是吉祥如意的象征,也是园林造园的主要材料,几乎达到了无园不桂的程度。人们之所以植桂造景,是因其具有丰富的文化内涵。许多美妙动人的神话传说均与它有关,科举时代比喻应考得中。

桂花

第十名:凌波玉立的水仙

水仙清幽素雅,仪态高贵超俗,洁身自爱,只凭清水一勺就能生根发芽。寒冬时节,百花凋零,而水仙花却叶花俱在,洒脱地生长开花,不在乎生命短促、刀刃"创伤",更不畏惧严寒的"凌辱",给人间奉献一份绿意和温馨。

水仙

八、职场连连看

快节奏的职场生活更需要花花草草滋润我们的人生。一方水土养一方人,花卉有时候也能成为一座城市的名片,慰藉在异地打拼游子的悠悠乡情。

1. 各市的市花

市花是一个城市的代表花卉,通常为该城市常见或特有的品种,一般对一个城市的文化别具意义。市花是城市形象的重要标志,也是现代城市的一张名片。

武汉市——梅花　　　　　洛阳市——牡丹

太原市——菊花　　　　　北京市——月季、菊花

绍兴市——兰花　　　　　上海市——玉兰

天津市——月季　　　　　长沙市——杜鹃花

重庆市——山茶　　　　　澳门——莲花

杭州市——桂花　　　　　漳州市——水仙花

博闻强识的你还知道哪些城市的市花呢,请你来补充。

2. 爱我家乡

大家知道高雅清幽的兰花为绍兴的市花,那么它与古城绍兴有怎样的渊源?感兴趣的同学可以做深入了解。

有的同学来自绍兴以外的地区,可否向你的小伙伴介绍一下自己家乡特有的植被、花卉?

中国名花排行榜
PPT

中国名花排行榜
教学设计

中国名花排行榜
练习题

中国名花排行榜
微课

活动五 野菜是春天的第一阵颤抖
——绍兴挖野菜指南

一、开讲啦

迷糊老师从小就喜欢在田坂里做嬉客,那里的空气新鲜,到处都是野花啊,好吃的野菜啊! 在我看来田坂就是宝。到了那里,我就会采回来马兰头啊,艾草啊,荠菜啊,百合啊(小时候叫它蒜瓣花),火柴花啊……许许多多叫不上名字的花,我都会采回来跟同伴炫耀,并且插在水里观赏。还有黄瓜香草啊,旁风草啊,回来闻着它们的香味,睡觉都觉得香哩。

二、活动项目

挖野菜:春天正是吃野菜的好季节,上山下乡挖野菜也日渐成为一种时尚。周末到田野山间,回归自然纯朴,追忆儿时乐趣,感受田园风光。挖野菜,你准备好了吗?

三、审美广角镜

故乡的野菜
周作人

我的故乡不止一个,凡我住过的地方都是故乡。故乡对于我并没有什么特别的情分,只因钓于斯游于斯的关系,朝夕会面,遂成相识,正如乡村里的邻舍一样,虽然不是亲属,别后有时也要想念到他。我在浙东住过十几年,南京东京都住过六年,这都是我的故乡,现在住在北京,于是北京就成了我的家乡了。

日前我的妻往西单市场买菜回来,说起有荠菜在那里卖着,我便想起浙东的事来。荠菜是浙东人春天常吃的野菜,乡间不必说,就是城里只要有后园的人家都可以随时采食,妇女小儿各拿一把剪刀一只"苗篮",蹲在地上搜寻,是一种有趣味的游戏的工作。那时小孩们唱道："荠菜马兰头，姊姊嫁在后门头。"后来马兰头有乡人拿来进城售卖了，但荠菜还是一种野菜，须得自家去采。关于荠菜向来颇有风雅的传说，不过这似乎以吴地为主。《西湖游览志》云："三月三日男女皆戴荠菜花。谚云：三春戴荠花，桃李羞繁华。"顾禄的《清嘉录》上亦说，"荠菜花俗呼野菜花，因谚有三月三蚂蚁上灶山之语，三日人家皆以野菜花置灶陉上，以厌虫蚁。清晨村童叫卖不绝。或妇女簪髻上以祈清目，俗号眼亮花。"但浙东人却不很理会这些事情，只是挑来做菜或炒年糕吃罢了。

黄花麦果通称鼠曲草，系菊科植物，叶小微圆互生，表面有白毛，花黄色，簇生梢头。春天采嫩叶，捣烂去汁，和粉作糕，称黄花麦果糕。小孩们有歌赞美之云：

黄花麦果韧结结，

关得大门自要吃，

半块拿弗出，一块自要吃。

清明前后扫墓时，有些人家——大约是保存古风的人家——用黄花麦果作供，但不作饼状，做成小颗如指顶大，或细条如小指，以五六个作一攒，名曰茧果，不知是什么意思，或因蚕上山时设祭，也用这种食品，故有是称，亦未可知。自从十二三岁时外出不参与外祖家扫墓以后，不复见过茧果，近来住在北京，也不再见黄花麦果的影子了。日本称作"御形"，与荠菜同为春天的七草之一，也采来做点心用，状如艾饺，名曰"草饼"，春分前后多食之，在北京也有，但是吃去总是日本风味，不复是儿时的黄花麦果糕了。

扫墓时候所常吃的还有一种野菜，俗称草紫，通称紫云英。农人在收获后，播种田内，用做肥料，是一种很被贱视的植物，但采取嫩茎滴食，味颇鲜美，似豌豆苗。花紫红色，数十亩接连不断，一片锦绣，如铺着华美的地毯，非常好看，而且花朵状若蝴蝶，又如鸡雏，尤为小孩所喜，间有白色的花，相传可以治痢。很是珍重，但不易得。日本《俳句大辞典》云："此草与蒲公英同是习见的东西，从幼年时代便已熟识。在女人里边，不曾采过紫云英的人，恐未必有罢。"中国古来没有花环，但紫云英的花球却是小孩常玩的东西，这一层我还替那些小人们欣幸的。浙东扫墓用鼓吹，所以少年常随了乐音去看"上坟船里的姣姣"；没有钱的人家虽没有鼓吹，但是船头上蓬窗下总露出些紫云英和杜鹃的花束，这也就是上坟船的确实的证据了。

（1924年2月作，选自《雨天的书》）

迷糊老师点评：周作人的散文风格平和清淡，隽永而幽雅。"我的故乡不止一个，凡我住过的地方都是故乡。"从此句看来，似乎作者是一个适意洒脱的人。而妻子从菜市场买回来的荠菜却让作者打开了对于故乡的记忆的闸门，浙东的风俗习惯、市井风情在作者的笔下渐次展现，这细致入微的记忆其实正是作者对于故乡的思念的最好体现。

四、思维大转盘

1. 野菜资料找一找:文中提到了哪几种野菜,请在网上寻找这些野菜的资料,并为它们建立野菜档案,以小组为单位制作PPT,并在课上进行汇报。

2. 野菜佳肴搜一搜:了解用这些野菜制作的食品和菜肴,以小组为单位收集资料,说说它们的制作过程。

3. 野菜故事讲一讲:收集名人与野菜的故事和文章,在课上进行演讲。

五、语言竞秀场

1. 绍兴野菜知多少,小组竞赛,看图抢答。

2. 以小组为单位汇报预习成果,展示各小组PPT。

3. 结合复述的要求,讲一讲绍兴名人与野菜的故事。

4. 咸亨大酒店推出全新野菜宴,如果你是酒店的工作人员,请你结合收集的野菜资料,设计一道菜,并为这道菜写一段介绍词,可以引用写野菜名篇佳作中的语句。

5. 以绍兴的一种野菜为主题,以小组为单位设计一篇挖野菜旅游攻略。

例文:在荣县金花桫椤谷内,满山遍野都生长着四季常青的植物蕨矾草。

外出挖野菜要仔细辨别,没见过或没听说过的最好不要吃。

春天正是吃野菜的好季节,上山下乡挖野菜也日渐成为都市一族的时尚。这个周末,带着孩子去到田野山间,回归自然淳朴,追忆儿时乐趣,感受田园风光。挖野菜,我们为您指路。

蕨 菜

天气变暖,万物生发,正是采摘野菜的最好时节。春天携家人踏春出游,顺便挖些野菜回来,无论清炒、凉拌、炒肉、煮汤、包饺子、包抄手都别有一番滋味。

在荣县金花桫椤谷内,满山遍野都生长着四季常青的植物蕨矾草。每到春夏秋之季,蕨矾草便吐出翠绿嫩芽,采摘下来的嫩芽经加工制作后,便成为都市人十分喜爱的一道天然绿色食品——蕨菜。

采摘地点:荣县金花桫椤谷、尖山—飞龙峡景区内。

采摘工具:手摘。

乘车线路:自贡到尖山—飞龙峡景区,在自贡客运总站乘车前往飞龙峡景区大门或尖山风景区大门;自贡到荣县金花桫椤谷需到客运总站乘坐自贡到荣县汽车站,再从荣县乘车至金花桫椤谷。

六、活动延伸线

我与春天的野菜有个约会系列活动

1. 种一种:亲手实践种野菜,并请每个同学写一篇种植体会。

2. 做一做:剪剪马兰头,摘摘荠菜和艾草,学做艾饺、凉拌马兰头、荠菜炒年糕等家常野菜。

3. 读一读:汪曾祺《故乡的野菜》、张洁《我盼望春天的荠菜》,体会其中的野菜情节。

4. 访一访:制作一份市民喜爱野菜程度的问卷调查表,展开调查研究;结合调查研究的结果,设计出一道符合某个调查年龄阶段人群口味的菜肴;并写一篇《家乡野菜的美好前景》或《都市现代人的野菜情缘》的调查报告。

七、开心学国学

挖野菜指南

1. 桔梗

桔梗科桔梗属多年生草本,茎直立,柳叶形,叶对生或互生,叶缘有锯齿,花期7—9月份。清代《植物名实图考》中记载:三四叶攒生一处,花未开时如僧帽。因此又名"僧冠冒",野生者较栽培的桔梗花稍小。

桔梗

用途:桔梗的嫩茎叶用开水烫后清水漂洗,即可炒食或作馅煮汤均可,其根可制作泡菜,朝鲜族常食用其根作咸菜。

主要功能:祛痰、利咽,主治外感咳嗽、咽喉肿痛、清肺。

知识扩展:拉丁名Campanulaceae,英文名bellfiower family,桔梗科包含重要药用植物:桔梗、沙参、党参。

2. 桃叶鸦葱

菊科鸦葱属,多年生草本,长条形叶子,黄色花,花果期4—5月份。

桃叶鸦葱

用途:开水烫后可凉拌作馅,亦可蘸酱生食等。

主要功能:清热解毒、消炎。

3. 苦菜

菊科苦荬菜属多年生草本,叶基生,莲座状,头状花絮,苦菜的学名叫取麻菜或苣荬菜。茎呈黄白色;叶片为圆状披针形,表面绿色,背面灰绿色;花鲜黄色,花期4—6月份。

苦菜

用途:野菜的一种,味道微苦,嫩叶凉拌、蘸酱生食,也可作馅。苦菜可抑制白血病。晒干了的苦菜中含有丰富的钾、钙、镁、磷、钠、铁、锰、锌、铜等元素。

全草可入药,可清热解毒、活血化瘀、治肠炎痢疾、肿痛等。苦菜能够清热燥湿、消肿排脓、化瘀解毒、凉血止血。苦菜水煎浓缩乙醇提取液,对急性淋巴细胞性白血病、急性及慢性粒细胞白血病都有抑制作用。比较常见的吃法有蒜茸拌苦菜、酱拌苦菜、苦菜烧猪肝等。

4. 蒲公英

菊科蒲公英属多年生草本,花期4—6月份,金黄色小花,头状花絮,叶基生,全株有乳汁,叶片长圆,边缘锯齿逆向羽状。

蒲公英

用途:蒲公英的主要功能是清热解毒、消肿和利尿。它具有广谱抗菌的作用,还能激发机体的免疫功能,达到利胆和保肝的作用。它焯过后生吃、炒食或做汤都可以,比如海蜇皮拌蒲公英、蒲公英炒肉丝;还能配着绿茶、甘草、蜂蜜等,调成一杯能够清热解毒、消肿的蒲公英绿茶。吃蒲公英对肝有好处,蒲公英在古代作为蔬菜食用,如今作野菜食用,用开水烫后炒食凉拌做汤均可,花也可做汤。

主要功能:全草可入药,清热解毒,可治各种外科疾患,如淋巴结核、急性乳腺炎等,五官科炎症、骨科炎症等。

5. 野蒜

野蒜

属百合科多年生草本植物,又名薤白、野小蒜、小根蒜、山蒜、野葱(浙江)、菜芝、小根菜。花期6—8月份。主要生长于山坡湿地,田边草丛中。小根蒜能防动脉硬化。它的茎叶长得很像蒜,也有葱、蒜的味道。其作用是通阳化气、开胸散结、行气导滞,治疗痢疾以及抑制高血脂病人血液中过氧化酯的升高,防止动脉粥样硬化。主要吃法有小根蒜拌豆腐,或熬点小根蒜白木耳粥。

食用信息:主要食用部分为嫩茎叶、鳞茎,其营养成分每百克全株含蛋白质3.4克,脂肪0.4克,糖类26克,粗纤维。

用途:花及鳞茎可供食用。西北地区常有用野蒜包包子、包饺子的习俗。

6. 地榆

地榆

蔷薇科地榆属多年生草本,又称黄瓜香,花絮穗状,奇数羽状复叶,边缘锯齿状,新鲜嫩叶揉碎有黄瓜香味,故又名"黄瓜香",叶似榆树叶,初生时爬满地,故称地榆。

用途:嫩苗可食用,开水烫过清水漂洗去苦味炒食,其花穗也可食用。

主要功能:地榆根含地榆皂苷,有凉血止血止泻作用。现代医学认为地榆能缩短出血时间或凝血时间,并能收缩血管。

7. 龙牙草

龙牙草

蔷薇科龙牙草属多年生草本,又名仙鹤草。花期6—9月份。奇数羽状复叶,小黄花,花五瓣。

用途:一种山野菜,主要含胡萝卜素、维生素B_2、维生素C,采其嫩茎叶,开水烫后清水漂洗,可炒食。

主要功能:含仙鹤草素,有止血作用,对大肠杆菌、伤寒杆菌等多种菌有抑制作用。

8. 萹蓄

蓼科蓼属多年生草本,花期5—7月份。亦称扁畜,茎圆而扁,叶细绿如竹,粉红色小花,单叶互生,叶片小。

用途:萹蓄的嫩茎叶在古代就是一种野菜,开水烫后凉拌炒食或切碎与面粉混合蒸食,味道可口,营养价值很高,含蛋白质、脂肪、钙、磷、胡萝卜素、维生素 P、维生素 B_2、维生素 C 等多种营养成分。

主要功能:消炎止泻、清热解毒。

萹蓄

9. 马齿菜

马齿菜,又叫马齿苋、长寿菜。一般为红褐色,叶片肥厚,为长倒卵形,因为样子像马齿而得名,含有脂肪、硫氨酸、核黄素、抗坏血酸等各种营养物质。由于其中含酸类物质比较多,所以吃的时候会觉得稍有些酸味。

药用功能:清热解毒,凉血止血。因为它含有丰富的去甲肾上腺素,能促进胰岛腺分泌胰岛素,调节人体糖代谢过程、降低血糖浓度、保持血糖恒定,所以对糖尿病有一定的

马齿菜

治疗作用。此外,它还含有一种叫作3-W的不饱和脂肪酸,能抑制胆固醇和甘油三酸酯的生成,对心血管有保护作用。

吃法:有很多种,焯过之后炒食、凉拌、做馅都可以。比如马齿菜炒鸡蛋,蒸马齿菜馅包子,或煮点清热止痢的大蒜马齿菜粥。

绍兴挖野菜指南
PPT

绍兴挖野菜指南
教学设计

绍兴挖野菜指南
练习题

绍兴挖野菜指南
微课

第三章　地理文化

——少年仗剑走天涯

在行走中感悟文化

华夏大地的每一处褶皱，

都堆叠着厚厚的文化层，

像是掌纹，

讲述我们民族衍长的故事。

我们慢慢行、细细看，

努力破解那些紧攥在掌心的秘密。

与手相学家的不同在于，

他们预测未来，

而我们用行走感悟

是什么样的过去造就了今天。

"读万卷书，行万里路"是文化人的一种理想追求，它启迪我们用脚步和感官去探索世界，用思考去阅读风景和文化。

行走于中华大地，我们遇到的每条河流、每座高山、每座城市，都曾经是叱咤风云的历史舞台，演出过无数悲欢离合的感人传奇。从江南到漠北，从名山到大川，从四海到八荒，我们把对历史的考据，对地理的研究与走过的地方结合在一起，讲述的是地理，是风景，更是文化。

风景往往看看就行了，而文化却需要我们去细细体味。那里面有历史厚重的沉淀，可以跨越时空的界限，把古与今紧紧地联系在了一起，是可以让我们愉悦、敬畏，甚至感动的那一部分。

以地理为皮，以人文为魄，用行走的方式感悟文明印迹，用文化的力量丈量华夏大地。让我们背起行囊，马上开启这段独特的文化之旅吧！

活动一　水经山疏不离身，河流传说留千古
——宇宙未有之奇书《水经注》

一、开讲啦

"嗟我乐何深，《水经》也屡读。"这是宋朝苏轼在《寄周安孺茶诗》中对《水经注》的高度评价，清朝丁谦更推此书为"圣经贤传"。《水经注》详细记载了一千多条大小河流及相关的历史遗迹、人物掌故、神话传说等，是中国古代最全面、最系统的综合性地理著作，并对后世如李白、杜甫、柳宗元等创作作品产生了深远影响。今天就跟着迷糊老师一起走进这关于河流传说的神奇世界吧。

二、活动项目

寻找《水经注》中的河流传说：凡是有传说的地方，总是让人充满好奇，不只好奇于它的美丽，更在于它的神秘。你知道《水经注》中有哪些传说故事吗？让我们一起行动起来，找一找、读一读吧。

三、审美广角镜

《水经注》卷十五：殷朝名臣伊尹生于空桑的传说

昔有莘氏女采桑于伊川，得婴儿于空桑中。言其母孕于伊水之滨，梦神告之曰："白水出而东走。"母明视而见白水出焉，告其邻居而走，顾望其邑，咸为水矣。其母化为空桑，子在其中矣。莘女取而献之，命养于庖，长而有贤德，殷以为尹，曰伊尹也。

【注解】古代有莘氏的姑娘，在伊川采桑，在空心桑树洞中捡到一个婴儿。传说婴儿的母亲在伊水之滨怀了孕，梦见神告诉她说："看见石臼里漫出水来，你就向东走。"第二天母亲果然见到石臼里漫出水来，告诉邻居后就跑了。回头一看，自己原来的家园已成为一片汪洋了。母亲也就化为一棵空心桑树，婴儿就在树洞中。姑娘将婴儿抱回献给国王，国王把他交给厨子抚养，孩子长大后很有贤德，殷汤就任命他为尹，名叫伊尹。

迷糊老师点评：《吕氏春秋·本味》和《史记·殷本纪》都说起"伊尹曾以味说商汤"，伊尹像一个厨师，这与他早先"养于庖"的传说是相吻合的。

《水经注》卷三十三、三十六：传说中的治水英雄李冰

昔沫水自蒙山至南安西溷崖,水脉漂急,破害舟船,历代为患。蜀郡太守李冰发卒凿平溷崖,河神嬴怒,冰乃操刀入水与神斗,遂平溷崖,通正水路,开处即冰所穿也。

都江堰

《风俗通》曰,秦昭王使李冰为蜀守,开成都两江,溉田万顷。江神岁取童女二人为妇,冰以其女与神为婚,径至神祠,劝神酒,酒杯恒澹澹,冰厉声以责之,因忽不见。良久有两牛斗于江岸旁,有间,冰还,流汗,谓官属曰,吾斗大亟,当相助也。南向腰中正白者,我绶也。主簿刺杀北面者,江神遂死。蜀人慕其气决,凡壮健者,因名冰儿也。

【注解】从前沫水从蒙山到南安西面的溷崖,水流湍急,船只常被冲毁,是历代的大患。蜀郡太守李冰调遣兵卒,凿平溷崖。河神暴怒起来,李冰握刀跳进水里与河神搏斗,终于制伏了河神,凿平了溷崖,水路也畅通了。如今崖上的水口,就是李冰打通的。

《风俗通》说:秦昭王派李冰去当蜀郡太守,在成都开凿了两条河渠,可以灌溉百顷田亩。江神每年需要两个小姑娘做妻子,李冰把自己的女儿送去与江神成亲,直入神祠,向神劝酒。但江神不饮,酒杯里只泛起一丝丝波纹。李冰厉声斥责,于是忽然不见了。好久,江岸旁有两牛相斗。一会儿,李冰回来了,满身大汗,对下属说:我斗得精疲力竭了,你们该帮我一下。南面那头牛腰间纯白色,那就是我的缭带。于是主簿刺杀了北面那头牛,江神就死了。蜀人敬佩他的胆略和果决,因而把身强力壮的孩子都称为冰儿。

🌱**迷糊老师点评:**李冰在蜀郡领导人们治水史有其事,而这里记录的乃是民间的传说。郦道元很有审美的情趣,李冰单刀斗沫水河神以及与主簿合力刺杀江神的传说,读来令人敬佩。

《水经注》卷三十四：巫山神女的传说

郭景纯云:丹山在丹阳,属巴,丹山西即巫山者也。又帝女居焉。宋玉所谓天帝之季女,名曰瑶姬,未行而亡,封于巫山之阳。精魂为草,实为灵芝,所谓巫山之女,高唐之阻,旦为行云,暮力行雨,朝朝暮暮,阳台之下。旦早视之,果如其言,故为立庙,号朝云焉。其间首尾百六十里,谓之巫峡,盖因山为名也。

巫峡·神女峰

【注解】郭景纯说:丹山在丹阳,属巴郡。丹山西就是巫山。此外,赤帝的女儿也住在这里,就是宋玉所说的天帝的小女儿,名叫瑶姬。她未出嫁就死了,葬在巫山的南面,精魂化成草,结成灵芝。这就是所谓居于高唐险阻处的巫山神女,早上她是飘荡的云,向晚她是游移的雨,每天早晚都在阳台下面。次日一早,楚王起来一看,果然像神女所说的一样,于是就为她修建庙宇,号为朝云。山峡从起点到终点长一百六十里,称为巫峡,就是因巫山而得名。

🌱**迷糊老师点评:**没有用过多华丽的辞藻,而是用简洁的话语,向我们描述了一位美好的少女之神。

《水经注》卷十:河伯娶亲的传说

漳水又北迳祭陌西,战国之世,俗巫为河伯娶妇,祭于此陌。魏文侯时,西门豹为邺令,约诸三老曰:为河伯娶妇,幸来告知,吾欲送女。皆曰:诺。至时,三老、廷掾赋敛百姓,取钱百万,巫觋行里中,有好女者,祝当为河伯妇,以钱三万聘女,沐浴脂粉如嫁状。豹往会之,三老、巫、掾与民咸集赴观。巫妪年七十,从十女弟子。豹呼妇视之,以为非妙,令巫妪入报河伯,投巫于河中。有顷,曰:何久也?又令三弟子及三老入白,并投于河。豹磬折曰:三老不来,奈何?复欲使廷掾、豪长趣之,皆叩头流血,乞不为河伯娶妇。淫祀虽断,地留祭陌之称焉。

【注解】漳水又北流经祭陌西边,战国时,当地有巫师为河伯娶妇的风俗,在这陌上祭祀。魏文侯时,西门豹担任邺令,与三老们相约道:"为河伯娶妇时,希望来告诉我,我也要送给他女子。"三老都说:"好的。"河伯娶妇的时间到了,三老、廷掾向百姓征收赋税,聚集钱财至百万,男巫师巡视乡里之中,看到漂亮的女子,就祝祷说应作为河伯之妇,用三万钱为聘金,沐浴并涂上脂粉装扮得好像要出嫁的样子。西门豹前往会见他们,三老、巫师、廷掾与百姓也都聚集赶去观看。老巫婆已有七十岁了,后边跟着十个女弟子。西门豹叫新妇出来看看,认为不够漂亮,叫老巫婆到河里去告诉河伯,就把老巫婆投入河中。过了一会儿,他说:"为什么这么长时间不回来呢?"又叫三个弟子及三老到河里去告诉河伯,把他们都投入河里。西门豹弯着腰恭恭敬敬地说:"三老也不回来了,这怎么办呢?"又想叫廷掾、豪长前往,豪长、廷掾们都伏在地上叩头流血,请求不再为河伯娶妇了。这种荒唐的祭祀仪式虽然已断绝了,然而这里却留下了祭陌的名称。

🌱**迷糊老师点评:**河伯娶亲是古代的一种封建迷信恶习,其实质是聚敛金钱,坑害良家妇女,该故事同时也凸显出了西门豹忧国忧民、拯救百姓的伟大英雄形象。

四、思维大转盘

1. 找一找《水经注》中还有哪些神奇有趣的传说故事。

2. 给这些传说故事做注解,并且有情感地读一读。

3. 搜集与这些传说有关的历史背景、自然风貌、人文景观等,并制作成PPT分小组进行讲述。

五、语言竞秀场

(一)介绍活动专题

1. 你一言我一语:学校即将举行"故事会"比赛,现进行初步海选,要求每个参赛同学推荐一个《水经注》中的传说故事,用一句话阐明你的推荐理由。

2. 出口成章:要求选手们用自己的语言讲述《水经注》中的传说和故事,要求具有故事性、生动性和完整性。

(二)微写作活动专题

1. 巧编广告词

《水经注》是一本地理巨著,对全国的地理、人文等情况做了全面、系统性的记录;同时也是一本文字优美的山水游记,描写了各地的自然风光,如景色怡人、名扬四海的三峡,"河流激荡,涛泅波襄,雷济电泄,震天动地"的黄河等,今天读来仍令人神往。

《水经注》中描写的自然景观数不胜数,请你选择一处你喜爱的景观,并为其撰写一段广告词,要求语言流畅,富有诗意,100字左右。

2. 我手写我行

2011年,考古人员在云冈石窟窟顶考古发掘时,发现了一处面积约五千平方米的寺院遗址。随后专家进行了认真的研究,认为这是一处北魏至辽金时期的寺院遗址,这不由得让有关人员联想到《水经注》里曾经对云冈石窟的描述"山堂水殿,烟寺相望"。

《水经注》的作者是郦道元,他从小跟着父亲走南闯北,年长后他从政,宦迹到过今山西、河北、河南等省。每到一处,他都要游览当地名胜古迹,留心勘察水流地势,探溯源头,了解沿岸地理、地貌、土壤、气候,人民的生产生活,地域的变迁等,并查阅当地的历史文献、资料、古碑石刻,等等,才有了这著名的《水经注》。

年轻的你也走过、看过、领略过很多的自然奇观吧,请结合自己的游玩经历,写一篇游记,要求500字左右。

六、活动延伸线

《水经注》之河流人文地貌研究

1. 学生寻找和确定自己的研究范围。(参考课题:河流的地貌研究,瀑布种类特点研究,民间歌谣研究,民俗物产研究等。)

2. 制订计划,做好准备。

(1)学生根据兴趣、特长分成若干小组,选出组长,明确任务。

(2)各组确定研究范围,制订活动计划,并与其他组交流,避免重复。

(3)师生共同探讨研究的途径和方法。

3. 各小组按计划通过查找资料(如上网、书籍等多种途径)搜集信息;与此同时,教师要关注各组资料准备情况,并随时提供点拨和帮助;小组之间互动,资源共享,使资料查找途径及储备更完整。

4. 成果展示,体验成功。

汇报本组人员分工、活动目标、活动过程、成果展示等情况,成果展示可借助PPT等多媒体设备,学生在讲述中应多结合实践过程谈收获,谈感想,谈建议。

七、开心学国学

《水经注》中你所不知道的失误

《水经注》因循黄河河源为昆仑山的错误,卷一说:"余考群书,咸言河出昆仑,重源潜发,沦于蒲昌,出于海水。"唐代杜佑在《通典》说它"灼然荒唐",宋代欧阳忞《舆地广记》亦明确指出其黄河河源问题上的"纰缪"。卷十四《濡水》有"至卑耳之溪,有赞水者"一语,并说:"然卑耳之川若赞溪者,亦不知所在也。"郦道元推断"赞水"在汉朝时已经"苞沦洪波",清人赵一清还认为赞水是辟耳山的拘夏溪。事实上,这都是以讹传讹,"有赞水者"指的是赞引渡水之人,清人孙诒让指出此文见诸房玄龄注《管子·小问》,解释过这个问题。

由于郦道元是北朝人,未必能亲临南方水系,记录不免简略,有不少错误。卷二十九《沔水》写沔水(今汉江)"又东至会稽余姚县,东入于海",是重大错误;事实上,《水经注》记载的北方诸水,错误也不少。陈桥驿曾以卷十四《濡水》一篇为例,经"濡水从塞外来,东南过辽西令支县北"注中,注文对濡水发源的记载,即是一个明显的错误。又由于受到《山海经》《穆天子传》的影响,《水经注》甚至有荒诞不经的内容,例如称济水"三伏三见",《尚书·禹贡》最早提出"三伏三见"的特性,甚至《梦溪笔谈》亦载:"今历下凡发地皆是流水,世传济水经过其下,东阿亦济水所经";卷三十九《庐江水》,则是一条不存在的河流,很明显是受到《山海经》的误导。郦道元以岷江为长江之发源,这是受到《尚书·禹贡》的误导。郦学专家陈桥驿甚至认为郦道元并没有到过三峡,实是参考袁山松的《宜都记》。《水经注》喜引奇文,有时并不加以考订,清人全祖望称其"过于嗜奇,称繁引博",凌扬藻也说"但嗜奇博,读者眩焉",卷一还包括印度河和恒河的上源在内,也存在不少错误,明代杨慎称其"泛引佛经怪诞之说,几数千言,亦赘已",周婴亦提出过批评:"皆蹑法显之行踪,想恒流之洞洑,其间水陆未辨,道里难明,所计差池,厥类亦众。"黄宗羲亦称"开章河水二字注以数千言,援引释氏无稽,于事实何当,已失作者之意";章巽在其《水经注和法显传》一文详列错误。《水经注》说"洹水出上党泫氏县。水出洹山,山在长子县也"也是错的,洹水应发源自河南省林州市的林虑山,最早在《后汉书·林虑》条下晋徐广作注即说:"洹水所出,苏秦会诸侯盟处。"光绪八年(1882)山西《长子县志》即指出《水经注》的错误:"案洹水出林虑山,东流入淇,去长子甚远,郦注未核。"

八、职场连连看

《水经注》中几大景观

1. 三峡:书中虽只有155个字,却写出了三峡七百里的万千气象。文章生动地描写了江水流经三峡时的壮观场面,描绘了两岸的景物:山石树木,飞泉哀猿,情景历历如绘,使游客们神清气顺、流连忘返。

2. 秦渭桥:《水经注》中出现的桥形式很多,有石拱桥、木桥、索桥、浮桥等,而第十九篇《渭水桥》即使在今天看来,也是一座宏大的桥。

3. 水虎:《水经注》中记载了一种称为"水虎"的动物,即今天所说的扬子鳄,当时还可在今汉水中看到,可现在的扬子鳄只有在长江下游的少数地方还有少量分布。扬子鳄分布地区呈现出逐渐萎缩的状况,数量也在大减,因此人们更应该注重保护。

4. "降"的道路:《水经注》卷三十六中记叙了现在云南省靖县境内一段叫"降"的道路,这里的商贩为走山路,要用肩担走七里不能换肩,向我们展现了山路的险窄无比。

宇宙未有之奇书
ppt

宇宙未有之奇书
教学设计

宇宙未有之奇书
练习题

宇宙未有之奇书
微课

活动二　怪物也疯狂
——走进光怪陆离的《山海经》

一、开讲啦

　　《山海经》是一部荒诞不经的奇书,有人认为其是"地理志""方物志""社会志";迷糊老师认为它还是一部"怪物志",书中讲述的怪物形状、生活习性等栩栩如生,让人大开眼界,过目不忘。今天我们就带上一颗轻松愉悦的心,去参观这千奇百怪的"怪物动物园"吧。

二、活动项目

　　寻找《山海经》中的怪物:从大江南北、长城内外到每座山、每条水都有一种或两种怪物,粗略统计有400多种,不仅数量多,且形状各异,怪得出奇:有2个脑袋、3个脑袋、6个脑袋的,有1条腿、5条腿、10多条腿的,也有马首人面的,有一首十身的,有一翼一目的,有四足一臂的,等等。那么就让我们一起行动起来,去找一找、评一评《山海经》中的怪物。

三、审美广角镜

怪物排行榜——《山海经·东山经》:犰狳

　　又南三百八十里,曰余峩之山,其上多梓楠,其下多荆芑。杂余之水出焉,东流注于黄水。有兽焉,其状如菟而鸟喙,鸱目蛇尾,见人则眠,名曰犰狳,其鸣自讠刀,见则螽蝗为败。

犰狳

　　【注解】再往南三百八十里,是座余峩山,山上有茂密的梓树和楠木树,山下有茂密的牡荆树和枸芑树。杂余水从这座山发源,向东流入黄水。山中有一种野兽,形状像一般的兔子却是鸟的嘴,鸱鹰的眼睛和蛇的尾巴,一看见人就躺下装死,名称是犰狳,发出的叫声便是它自身名称的读音,一出现就会有螽斯蝗虫出现而危害庄稼。

　　武力值:一星　　智力值:三星　　防御值:五星

怪物排行榜——《山海经·南山经》:凤凰

又东五百里,曰丹穴之山。其上多金玉。丹水出焉,而南流注于渤海。有鸟焉,其状如鸡,五采而文,名曰凤凰,首文曰德,翼文曰义,背文曰礼,膺文曰仁,腹文曰信。是鸟也,饮食自然,自歌自舞,见则天下安宁。

凤凰

【注解】再往东五百里,是座丹穴山,山上盛产金属矿物和玉石。丹水从这座山发源,然后向南流入渤海。山中有一种鸟,形状像普通的鸡,全身上下是五彩羽毛,名称是凤凰,头上的花纹是"德"字的形状,翅膀上的花纹是"义"字的形状,背部的花纹是"礼"字的形状,胸部的花纹是"仁"字的形状,腹部的花纹是"信"字的形状。这种叫凤凰的鸟,吃喝很自然从容,常常是自个儿边唱边舞,一出现天下就会太平。

武力值:二星　　智力值:四星　　防御值:二星

怪物排行榜——《山海经·西次三经》:英招

又西三百二十里,曰槐江之山。丘时之水出焉,而北流注于泑水。其中多嬴母,其上青雄黄,多藏琅玕、黄金、玉。其阳多丹粟,其阴多采黄金、银。实惟帝之平圃,神英招司之,其状马身而人面,虎文而鸟翼,徇于四海,其音如榴。南望昆仑,其光熊熊,其气魂魂。西望大泽,后稷所潜也。其中多玉,其阴多榣木之有若。北望诸毗,槐鬼离仑居之,鹰鹯之所宅也。东望恒山四成,有穷鬼居之,各在一搏挀。爰有淫水,其清洛洛。有天神焉,其状如牛而八足二首,马尾,其音如勃皇,见则其邑有兵。

【注解】再往西三百二十里,是座槐江山。丘时水从这座山发源,然后向北流入泑水。水中有很多蜗牛,山上蕴藏着丰富的石青、雄黄,还有很多的琅玕、黄金、玉石。山南面到处是粟粒大小的丹砂,而山北阴面多产带符彩的黄金白银。这槐江山确实可以说是天帝悬在半空的园圃,由天神英招主管着,天神英招的形状是马的身子而人的面孔,身上长有老虎的斑纹和禽鸟的翅膀,巡行四海而传布天帝的旨命,发出的声音如同用辘轳抽水。在山上向南可以望见昆仑山,那里火光熊熊,气势恢宏。向西可以望见大泽,那里是后稷死后埋葬之地。大泽中有很多玉石,大泽的南面有许多榣木,而在它上面又有若木。向北可以望见诸毗山,是叫槐鬼离仑的神仙所居住的地方,也是鹰鹯等飞禽的栖息地。向东可以望见那四重高的桓山,有穷鬼居住在那里,各自分类聚集于一起。这里有大水下泻,清清冷冷而汩汩流淌。有个天神住在山中,他的形状像普通的牛,但却长着八只脚、两个脑袋并拖着一条马的尾巴,啼叫声如同人在吹奏乐器时薄膜发出的声音,在哪个地方出现哪里就有战争。

武力值：五星	智力值：三星	防御值：四星

怪物排行榜——《山海经·海内西经》：开明兽

海内昆仑之虚，在西北，帝之下都。昆仑之虚，方八百里，高万仞。上有木禾，长五寻，大五围。有九井，以玉为槛。面有九门，门有开明兽守之，百神之所在。在八隅之岩，赤水之际，非仁羿莫能上冈之岩。

【注解】海内的昆仑山屹立在西北方，是天帝在下方的都城。昆仑山，方圆八百里，高一万仞。山顶有一株像大树似的稻谷，高达五寻，粗细需五人合抱。昆仑山的每一面都有九眼井，每眼井都有用玉石制成的围栏。昆仑山的每一面都有九道门，而每道门都有称作开明的神兽守卫着，是众多天神聚集的地方。众多天神聚集的地方在八方山岩之间，赤水的岸边，不是具有像夷羿那样本领的人就不能攀上那些山冈岩石。

开明兽

武力值：五星	智力值：四星	防御值：五星

怪物排行榜——《山海经·南山经》：灌灌

又东三百里，曰青丘之山，其阳多玉，其阴多青䨼。有兽焉，其状如狐而九尾，其音如婴儿，能食人，食者不蛊。有鸟焉，其状如鸠，其音若呵，名曰灌灌，佩之不惑。英水出焉，南流注于即翼之泽；其中多赤鱬，其状如鱼而人面，其音如鸳鸯，食之不疥。

【注解】再往东三百里，是座青丘山，山南阳面盛产玉石，山北阴面多出产青䨼。山中有一种野兽，形状像狐狸却长着九条尾巴，吼叫的声音与婴儿啼哭相似，能吞食人；吃了它的肉就能使人不中妖邪毒气。山中还有一种禽鸟，形状像斑鸠，鸣叫的声音如同人在互相斥骂，名称是灌灌，把它的羽毛插在身上使人不迷惑。英水从这座山发源，然后向南流入即翼泽。泽中有很多赤鱬，形状像普通的鱼却有一副人的面孔，发出的声音如同鸳鸯鸟在叫，吃了它的肉就能使人不生疥疮。

武力值：二星	智力值：二星	防御值：二星

四、思维大转盘

1. 找一找《山海经》中还有哪些形态各异的怪物。

2. 给这些怪物按照武力值、智力值、防御值打打分,并说明理由。

3. 搜索与怪物相关的神话故事(如精卫填海)、地理(怪物的生长环境)、历史(与怪物有关的战争)、地域风俗等,并制作成PPT,进行讲述。

五、语言竞秀场

(一)介绍活动专题

1. 怪物萌语:用一句话形容你最喜爱的怪物,要求语言幽默、积极向上,100字左右。

2. 妖怪物语:发挥想象,开拓思维,讲述你和怪物的一段穿越之旅。

(二)微写作活动专题

1. 巧写解说词:最近学校要评比"2017年度最萌怪物奖",请你为《山海经》中的一个怪物写一段解说词,为其加油,力求图文并茂,发在班级的微信群中,开展评选活动。

2. 写一写你所喜爱的怪物,150字左右即可,时间为15分钟,要求从外貌、神态、言行举止、习性等方面进行描写,也可讲述其来历。

如:烛阴是一种龙,又称烛龙,人面龙身,口中衔烛。传说舜帝时代常狩猎烛龙,将其炼油制成蜡烛用以取光。据说它身体通红,长达千里,居住在中原北部的钟山,在山上俯瞰世间。烛龙的眼睛是上下排列的,下面的一只是本眼,上面的一只叫阴眼。传说千年的烛阴的阴眼连着地狱,被他看一眼就会让恶鬼附身,久之就会变成人头蛇身的怪物。

六、活动延伸线

你做过《山海经》的地图吗

《山海经》是一本地理学著作,记载了神秘河流、大山和古国。如《五藏山经》中绘有大量的山川、河流和陆地海岸线、疆域的轮廓,一度被学者认为是大禹九州图。随着现代各个地区的地形、地貌被逐步勘探后,我国不少地理学家发现,大禹九州其实是一幅古老的亚洲地图。那么,同学们,让我们一起行动起来,来画一画你眼中的《山海经》地图。

1. 学生寻找和确定自己研究的地理范围。参考范围如南山、北山、西山等,抑或是其中的某个一小块。

2. 制订计划,做好准备。

(1)学生分成若干小组,选出组长,明确任务。

(2)各组确定研究范围,制订活动计划,并与其他组交流,避免重复。

(3)师生共同探讨研究的途径和方法。

3. 各小组按计划查找地理资料(如:上网查找资料,去图书馆查找资料,向地理老师请教等多种途径);教师关注各组资料储备情况,并随时提供点拨帮助;小组之间互动,资源共

享,使资料查找途径及储备更完整。

4. 成果展示,体验成功。

汇报本组人员分工、活动目标、活动经过、活动展示等情况,展示可以通过画图或投影等多种形式进行。与此同时,学生结合实践过程谈收获,谈感想,谈建议。

七、开心学国学

要说前几年最火的电视剧,《三生三世十里桃花》是其中一部。微博、朋友圈到处充斥着相关的话题,一张嘴就是"四海八荒",动不动就是"我现在受的苦,都是我在凡间历的劫",像瞬间回到了仙界一样。看过《山海经》的同学一定会想到,其实电视剧中出现的很多古典故事,在这本书中都有,那就跟着迷糊老师一起来增长知识吧!

1. 青丘之地

盘古一把巨斧开天辟地以来,各族间征战不休,天地几易其主,远古神祇大多应劫,消失的消失,沉睡的沉睡。

还活在这世上的,左右数来,不过九重天上的天君一家、隐在东海之东十里桃林的折颜上神,以及青丘之国的白止帝君一家而已。 ——《三生三世十里桃花》

又东三百里,曰青丘之山,其阳多玉,其阴多青䨄。有兽焉,其状如狐而九尾,其音如婴儿,能食人,食者不蛊。有鸟焉,其状如鸠,其音如呵,名曰灌灌,佩之不惑。英水出焉,南流注于即翼之泽;其中多赤鱬,其状如鱼而人面,其音如鸳鸯,食之不疥。 ——《山海经·南山经》

2. 折颜上神

东海之东有十里桃林。折颜便是那十里桃林的主人,一只老得连他自己都记不得自己确切年龄的老凤凰。 ——《三生三世十里桃花》

又东五百里,曰丹穴之山。其上多金玉。丹水出焉,而南流注于渤海。有鸟焉,其状如鸡,五采而文,名曰凤皇,首文曰德,翼文曰义,背文曰礼,膺文曰仁,腹文曰信。是鸟也,饮食自然,自歌自舞,见则天下安宁。 ——《山海经·南山经》

3. 十里桃林

这正是桃花盛开的时节,十里桃林十里桃花,漫山遍野的灼灼芳华。我熟门熟路朝桃林深处走,一眼看到折颜正盘腿坐在空地上啃桃子,偌大一个桃子,转眼就只剩一个核了。

——《三生三世十里桃花》

又西九十里,曰夸父之山,其木多椶枏,多竹箭,其兽多㸲牛、羬羊,其鸟多鷩,其阳多玉,其阴多铁。其北有林焉,名曰桃林,是广员三百里,其中多马。湖水出焉,而北流注于河,其中多珚玉。

——《山海经·中山经》

4. 拜师于昆仑虚

昆仑虚星河璀璨,夜色沉沉,凡界却青天白日,碧空万里。我落在一间学塾的外头,隐了行迹,听得书声琅琅飘出来:"叔向见韩宣子,宣子忧贫,叔向贺之……"

——《三生三世十里桃花》

海内昆仑之虚,在西北,帝之下都。昆仑之虚,方八百里,高万仞。上有木禾,长五寻,大五围。面有九井,以玉为槛。面有九门,门有开明兽守之,百神之所在。在八隅之岩,赤水之际,非仁羿莫能上冈之岩。

——《山海经·海内西经》

5. 小巴蛇少辛

几万年不见,当初那小巴蛇已经变得伶牙俐齿了。造化之力神奇,时间却比造化更加神奇。我将破云扇翻过来仔细摩了摩扇面,问她:"少辛,你可恨当年芦苇荡里欺侮你的同族们?"

——《三生三世十里桃花》

又东三十里,曰浮戏之山。有木焉,叶状如樗而赤实,名曰亢木,食之不蛊。汜水出焉,而北流注于河。其东有谷,因名曰蛇谷,上多少辛。

——《山海经·中山经》

八、职场连连看

由《山海经》见职场上必备的优秀品质

1. 夸父逐日——反映了古代人民与大自然竞争不断奋斗的精神,探索自然、征服大自然的强烈愿望和顽强意志。

2. 后羿射日——与天奋斗、刚健有为、一往无前的精神。

3. 太阳鸟——团结的精神。《山海经》记载着这样一个神话传说:天帝和天后生下了十个儿子——十只会发光的鸟儿。他们跟着天后妈妈住在东海汤谷的一棵神树上,天帝交给十兄弟一项重要的任务:每天轮流上天,把阳光洒向大地。因为天帝知道,有了阳光,地上的万物生灵才能茁壮成长。

4. 女娲补天,盘古开天辟地——象征着自我牺牲的崇高精神。

5. 女娲造人——表现了勤劳、智慧和创造的精神。

6. 黄帝战蚩尤——表现了勇猛果敢的精神。

走进光怪陆离的《山海经》PPT　　走进光怪陆离的《山海经》教学设计　　走进光怪陆离的《山海经》练习题　　走进光怪陆离的《山海经》微课

活动三　在山峦峭崖间品一段江湖事
——跟着金庸走遍武侠名山

一、开讲啦

中国古代有一种说法叫名山出名派。人杰大都因为地灵，畅游在那些名山大川的时候，总是觉得在层层叠叠的山峦之中，在悬崖峭壁之上，一定隐藏了一段江湖故事。幸好有金庸，给我们的想象涂上了最浓墨重彩的一笔，去这些地方想象杨过、张无忌、令狐冲的故事，想象一下那些江湖恩仇，也别有一番风味。

西岳·华山

金庸的武侠世界版图很大，涉及的名山大川也很多。今天我们就一路向北，去看看金庸笔下的那些武侠名山。

二、活动项目

金庸的武侠世界大都是虚构的，那些所谓的名门正派、大侠豪杰也大都不是真实的，但那些大侠或者门派所在的山水故地却大都是真实的。你还记得《笑傲江湖》《神雕侠侣》《天龙八部》《倚天屠龙记》这些经典武侠吗？让我们一起找一找金庸武侠中的那些名山和门派。

三、审美广角镜

观名岳赏武学品风骨

◎ **第一站：问道青城山**

【武侠世界里的青城山】

在金庸的武侠世界里，四川的门派名气总是不大，或者名声不太好。大多数时候都带着一股邪气，正如《笑傲江湖》里余沧海的变脸，诡异与邪门；如《倚天屠龙记》里的灭绝师太，看似名门正派却处处毒辣、阴险。而传说中的"四川唐门"，名气虽大，但"暗器世家"的名声也没那么光彩。

央视版《笑傲江湖》中的余沧海

这些在青城山尤为明显，在《笑傲江湖》中，青城派掌门人余沧海是一个大反派。他身材矮小，一口四川话，武功高强却阴险毒辣，颇有城府。特别是这样的描写在电视剧里以画面呈现时，带来的感觉就更为直观，冲击力也更大。在张纪中导演的电视剧中，青城武士草裙加斗笠再加宝剑，不仅神秘，更是猥琐。神奇的脸谱和水袖，更带来诡异之感。那么真实的青城山是怎样的，青城派又是怎样的呢？

【青城山览胜】

青城山·上清宫

丈人山

［唐］杜　甫

自为青城客，不唾青城地。

为爱丈人山，丹梯近幽意。

丈人祠西佳气浓，缘云拟住最高峰。

扫除白发黄精在，君看他时冰雪容。

◎ **第二站：悟道武当山**

【武侠世界里的武当山】

传说当年张三丰"仰观浮云，俯视流水"，从而得到灵感，创造出以柔克刚的武当拳法、剑法、阵法，以天、地、人为师，故能得其大道，使武当山顶之松柏长青。

在金庸武侠小说的武当人物谱系中，除张重召和宋青书品行败坏

2003年版《倚天屠龙记》中的张三丰

行为不轨之外,张三丰、武当七侠及冲虚道长等人都为正面角色,他们光耀千古,流芳百世,泽被后人。个个侠肝义胆,情意深厚,识大体、知大义,形象光彩照人,展现了一代武林人的风范和人格,这在金庸小说中是极其少有的,少林派似乎未享其殊荣。可见金庸对武当派的喜爱。

【武当山览胜】

太子坡

[明]许宗鲁

太子何年去,名坡万古传。

羊肠云外险,蜃市海中鲜。

委巷通群帝,飞岩接九天。

羽人栖碧落,清磬下泠然。

武当山全景

◎ **第三站:修道崆峒山**

【武侠世界里的崆峒山】

崆峒拳法

许多人应该和迷糊老师一样,知道"崆峒"是源于金庸这位武侠大师。在《倚天屠龙记》里崆峒派的七伤拳颇有名气,"一练七伤,七者皆伤,先伤己,后伤敌"的口诀很多人也熟记于心。书中提及,明教金毛狮王谢逊为报家仇,从崆峒派盗出《七伤拳谱》,终于练成七伤拳。此拳法出拳时声势煊赫,一拳中有七股不同的劲力,敌人抵挡不住这源源而来的劲力,便会深受内伤。谢逊曾以此拳击毙少林神僧空见大师。

【崆峒山览胜】

崆 峒

[清]谭嗣同

斗星高被众峰吞,莽荡山河剑气昏。

隔断尘寰云似海,划开天路岭为门。

松拿霄汉来龙斗,石负苔衣挟兽奔。

四望桃花红满谷,不应仍问武陵源。

平凉崆峒山景区

四、思维大转盘

1. 说说金庸小说中还有哪些武侠名派和名山。

2. 搜索与这些名门大派和名山相关的诗词典故、人文历史、风景美谈，可以声情并茂地进行讲述，也可以制作PPT展示。

五、语言竞秀场

那些年，我们走过的名山

1. 读一读：找出描写名山大川的著名诗词与文章段落，声情并茂地朗读这些诗文。

2. 说一说：根据自己的理解，把诗文中描写名山大川的地理风物介绍给大家听。

3. 写一写：以"那些年，我们走过的名山"为题，选定一处名山大川，写一段400字左右的导游词来介绍它的人文历史、地理风物。

六、开心学国学

中国名胜古迹中的国学常识

1. 三山：安徽黄山、江西庐山、浙江雁荡山。

2. 五岭：越城岭、都庞岭、萌诸岭、骑田岭、大庾岭。

3. 五岳：(中岳)河南嵩山、(东岳)山东泰山、(西岳)陕西华山、(南岳)湖南衡山、(北岳)山西恒山。

4. 五湖：鄱阳湖(江西)、洞庭湖(湖南)、太湖(江苏)、洪泽湖(江苏)、巢湖(安徽)。

5. 四海：渤海、黄海、东海、南海。

6. 四大名桥：广济桥、赵州桥、洛阳桥、卢沟桥。

7. 四大名园：颐和园(北京)、避暑山庄(河北承德)、拙政园(江苏苏州)、留园(江苏苏州)。

东岳·泰山

8. 四大名刹：灵岩寺(山东长清)、国清寺(浙江天台)、玉泉寺(湖北江陵)、栖霞寺(江苏南京)。

9. 四大名楼：岳阳楼(湖南岳阳)、黄鹤楼(湖北武汉)、滕王阁(江西南昌)、大观楼(云南昆明)。

10. 四大名亭：醉翁亭(安徽滁县)、陶然亭(北京先农坛)、爱晚亭(湖南长沙)、湖心亭(杭州西湖)。

11. 四大古镇：景德镇(江西)、佛山镇(广东)、汉

黄鹤楼夜景

口镇(湖北)、朱仙镇(河南)。

12. 四大名塔:嵩岳寺塔(河南登封嵩岳寺)、飞虹塔(山西洪洞广胜寺)、释迦塔(山西应县佛宫寺)、千寻塔(云南大理崇圣寺)。

13. 四大石窟:莫高窟(甘肃敦煌)、云冈石窟(山西大同)、龙门石窟(河南洛阳)、麦积山石窟(甘肃天水)。

14. 四大书院:白鹿洞书院(江西庐山)、岳麓书院(湖南长沙)、嵩阳书院(河南嵩山)、应天书院(河南商丘)。

15. 四大佛教名山:浙江普陀山(观音菩萨)、山西五台山(文殊菩萨)、四川峨眉山(普贤菩萨)、安徽九华山(地藏王菩萨)。

16. 四大道教名山:湖北武当山、江西龙虎山、安徽齐云山、四川青城山。

七、知识连连看

武林大派的前世今生

武侠小说中常会提到什么七大门派、九大门派的说法。据说这是中原武林中的名门正派,实力最强,并代表武林正道的九大武学社团组织势力,是江湖上第一流的武林大派。此为小说家言,固不可信,只存在于虚构的武侠世界里,存在于虚拟的江湖中。

那么,在现实社会里到底有没有所谓的几大门派呢?还真有。经过官方认可,确有武术研习传统和武术传承,流传至今还有传承人的,影响较大较知名的武林门派有六个:少林、武当、峨眉、青城、昆仑、崆峒。这是经过中国国家体育总局和中国武术协会总会多年调查研究,全国武术多次普查后,被当今武术界认可的。

1. 少林派

自河南登封市中岳嵩山少室山五乳峰下中土佛教禅宗祖庭——少林寺,寺建于北魏年间,距今已有1500多年历史,代表佛门外家武学。少林寺僧称少林功夫是神传,源于佛教信仰和修行。除嵩山少林外还流传有:北少林(现天津蓟县盘山少林)、南少林(福建少林)南北两大宗,民间传支派有俞(鱼)、孔、洪(红)三大家,有大圣门、罗汉门、二郎门、韦陀门四大门之说,还有少林支派十八门之说。

少林武术

2. 武当派

源自湖北十堰(郧阳)丹江口武当山,代表道门内家武学。传祖师为元代至明初道人张三丰,或为伪托,存疑。现史载明确可考证的内家祖师为武当松溪派开创者——明代中叶的张松溪。流传有武当南北两大宗,八大支派之说,武当的其他支派门户众多,难已一一统计。

武当山自古以来就没有总掌教,只有道总。

3. 峨眉派

源于四川嘉州(乐山)眉山县峨眉山,融佛道武学为一体。当今峨眉派认可的祖师为战国时白猿祖师司徒玄空、南宋时佛门临济宗白云禅师、德源长老,此为"峨眉三祖"。

峨眉武术

尽管小说或电视中"峨眉派"多为道姑,但峨眉山佛教协会会长释永寿却表示,在漫长的近两千年佛教历史中,峨眉山没有女尼。峨眉武术介于武当、少林之间,紧凑、娇小、灵活为其特点。实际上,峨眉武功强调气功与武术结合,包括点穴、擒拿锁臂。

4. 青城派

源于四川都江堰青城山,是道教内丹修炼的派别,相传起始于青城丈人。历代高手辈出,已有近两千年历史。

5. 昆仑派

源于青海昆仑山,属道家武学。原传元始天尊之十二弟子为昆仑十二祖师,几近于神话,并不可信。现传是东晋时祖师铁棱道人创立,此为道门昆仑派。

6. 崆峒派

源自甘肃平凉崆峒山,属道门武学。自称传于唐末,相传始祖剑侠飞虹子早年学艺少林寺,后入道门,于崆峒山修道习武,创立崆峒派,又名崆峒栖霞派。

跟着金庸走遍武
侠名山PPT

跟着金庸走遍武
侠名山教学设计

跟着金庸走遍武
侠名山练习题

跟着金庸走遍武
侠名山微课

活动四　来一场穿越时空的旅行

——唐僧带我游西域

一、开讲啦

时光正好,青春不老。趁着大好年华,我们策马奔腾,与红尘做伴,与清风随行。"瞧,他是谁啊？是那个《西游记》中大慈大悲的唐僧啊。哇,他向我们走来了,走来了……"此时的我们已坐上时光机穿越了,遇见了唐僧,遇见了他的徒儿,遇见了未曾有过的生活。在这里,我们将跟着师徒四人去西天取经,顺便去认识一下那个充满神奇趣味的地方——西域。

二、活动项目

唐僧带我游西域:西域,生于江南的我从不知道那是一个怎样的地方,是否真的有"大漠孤烟直,长河落日圆"的壮阔之景,是否真的有"羌笛何须怨杨柳,春风不度玉门关"的苍凉之境,是否真的有"黄金百战穿金甲,不斩楼兰终不还"的豪情壮志。这个带有神秘面纱的地方让我魂牵梦萦,让我思绪万千。于是乎,一个偶然,我遇见了唐僧,他们师徒带着我开启了一段西域之行。

三、审美广角镜

大雪山龙池及其传说——玄奘《大唐西域记》

王城西北二百余里,至大雪山。山顶有池,请雨祈晴,随求果愿。闻之先志曰:"昔健驮逻国有阿罗汉,常受此池龙王供养,每至中食,以神通力,并坐绳床,凌虚而往。侍者沙弥密于绳床之下攀缘潜隐,而阿罗汉时至便往,至龙宫,乃见沙弥,龙王因请留食。龙王以天甘露饭阿罗汉,以人间味而馔沙弥。阿罗汉饭食已讫,便为龙王说诸法要。沙弥如常为师涤器,器有余粒,骇其香味,即起恶愿,恨师忿龙:"愿诸福力,于今悉现,断此龙命,我自为王。"沙弥发是愿时,龙王已觉头痛矣。罗汉说法诲谕,龙王谢咎责躬。沙弥怀忿,未从悔谢。既还伽蓝,至诚发愿,福力所致,是夜命终,为大龙王,威猛奋战。遂来入池,杀龙王,居龙宫,有其部属,总其统命。以宿愿故,兴暴风雨,摧拔树林,欲坏伽蓝。

时迦腻色迦王怪而发问,其阿罗汉具以白王。王即为龙于雪山下立僧伽蓝,建窣堵波,高百余尺。龙怀宿忿,遂发风雨。王以弘济为心,龙乘瞋毒作暴,僧伽蓝、窣堵波六坏七成。迦腻色迦王耻功不成,欲填龙池,毁其居室,即兴兵众,至雪山下。时彼龙王深怀震惧,变作老婆罗门,叩王象而谏曰:"大王宿植善本,多种胜因,得为人王,无思不服。今日何故与龙交争?夫龙者畜也,卑下恶类,然有大威,不可力竞。乘云驭风,蹈虚履水,非人力所制,岂王心所怒哉?王今举国兴兵,与一龙斗,胜则王无服远之威,败则王有非敌之耻。为王计者,宜可归兵。"迦腻色迦王未之从也。龙即还池,声震雷动,暴风拔木,沙石如雨,云雾晦冥,军马惊骇。王乃归命三宝,请求加护,曰:"宿殖多福,得为人王,威慑强敌,统赡部洲,今为龙畜所屈,诚乃我之薄福也。愿诸福力,于今现前。"即于两肩起大烟焰,龙退风静,雾卷云开。王令军众人担一石,用填龙池。龙王还作婆罗门,重请王曰:"我是彼池龙王,惧威归命。惟王悲

大雪山

愍,赦其前过。王以含育,覆焘生灵,如何于我独加恶害?王若杀我,我之与王俱堕恶道,王有断命之罪,我怀怨仇之心。业报皎然,善恶明矣。"王遂与龙明设要契,后更有犯,必不相赦。龙曰:"我以恶业,受身为龙,龙性猛恶,不能自持,瞋心或起,当忘所制。王今更立伽蓝,不敢摧毁。每遣一人候望山岭,黑云若起,急击揵槌,我闻其声,恶心当息。"其王于是更修伽蓝,建窣堵波,候望云气,于今不绝。

闻诸先志曰:窣堵波中有如来骨肉舍利,可一升余,神变之事,难以详述。一时中窣堵波内忽有烟起,少间便出猛焰,时人谓窣堵波已从火烬。瞻仰良久,火灭烟消,乃见舍利如白珠幡,循环表柱,宛转而上,升高去际,萦旋而下。

🌱**迷糊老师点评:**大雪山是大渡河和雅砻江之间的分水岭,四川省西部重要地理界线。古老的传说,壮观雄伟的景观,令人心之向往。《大唐西域记》,让我们近距离地了解西域,感受西域的异族风情。

经典指数:五星	趣味指数:四星	推荐指数:三星

印度——玄奘《大唐西域记》

印度泰姬陵

详夫天竺之称，异议纠纷，旧云身毒，或曰贤豆，今从正音，宜云印度。印度之人，随地称国，殊方异俗，遥举总名，语其所美，谓之印度。印度者，唐言"月"。月有多名，斯其一称。言诸群生轮回不息，无明长夜莫有司晨，其犹白日既隐，宵月斯继，虽有星光之照，岂如朗月之明！敬缘斯致，因而譬月。良以其土圣贤继轨，导凡御物，如月照临。由是义故，谓之印度。印度种姓族类群分，而婆罗门特为清贵。从其雅称，传以成俗，无云经界之别，总谓婆罗门国焉。

🌿**迷糊老师点评**："印度"这一国名的由来甚是奇特，其民族文化风情值得我们去了解，去领略……

经典指数：五星　　趣味指数：四星　　推荐指数：四星

鸡足山及大迦叶故事——玄奘《大唐西域记》——摩揭陀国

莫诃河东入大林野，行百余里，至屈屈（居勿反）。吒播陀山（唐言鸡足），亦谓窭卢播陀山（唐言尊足山）。高峦峭无极，深壑洞无涯，山麓谿涧，乔林罗谷，岗岑岭嶂，繁草被岩，峻起三峰，傍挺绝崿，气将天形与云同。其后尊者大迦叶波居中寂灭，不敢指言，故云尊足。摩诃迦叶波者，声闻弟子也，得六神通，具八解脱。如来化缘斯毕，垂将涅槃，告迦叶波曰："我于旷劫勤修苦行，为诸众生求无上法，昔所愿期，今已果满。我今将欲入大涅槃，以诸法藏嘱累于汝，住持宣布，勿有失坠。姨母所献金镂袈裟，慈氏成佛，留以传付。我遗法中诸修行者，若比丘、比丘尼、邬波索迦（唐言近事男。旧曰伊蒱塞，又曰优婆塞，皆讹化）、邬波斯迦（唐言近事女。旧曰优婆斯，又曰优婆夷，皆讹也），皆先济渡，令离流转。"迦叶承旨，住持正法。结

鸡足山

集既已，至第二十年，厌世无常，将入寂灭，乃往鸡足山。山阴而上，屈盘取路，至西南岗。山峰险阻，崖径槃薄，乃以锡扣，剖之如割。山径既开，逐路而进，槃纡曲折，回互斜通，至于山顶，东北面出。既入三峰之中，捧佛袈裟而立，以愿力故，三峰敛覆，故今此山三脊隆起。当来慈氏世尊之兴世也，三会说法之后，余有无量憍慢众生，将登此山，至迦叶所，慈氏弹指，山峰自开。

彼诸众生既见迦叶,更增憍慢。时大迦叶授衣致辞,礼敬已毕,身升虚空,示诸神变,化火焚身,遂入寂灭。时众瞻仰,憍慢心除,因而感悟,皆证圣果。故今山上建窣堵波,静夜远望,或见明炬。及有登山,遂无所睹。

🌿**迷糊老师点评**:鸡足山雄踞于云贵高原滇西北宾川县境内西北隅,西与大理、洱源毗邻,北与鹤庆相连,因其山势顶耸西北,尾迤东南,前列三支,后伸一岭,形似鸡足而得名。鸡足山是迦叶菩萨的道场,是以展示佛教文化和生态景观为主的集佛事朝拜、佛学研究、观光旅游、科普科考为一体的多功能旅游景区,值得一游。

经典指数:五星　　　趣味指数:三星　　　推荐指数:三星

火焰山——吴承恩《西游记》

唐僧师徒一行四人西天取经,行至火焰山,被火焰山阻挡,炎热难当,至一老者家,听卖糕的人说铁扇区公主有芭蕉神扇,一扇息火,二扇生风,三扇下雨。孙悟空便去铁扇公主的翠屏山芭蕉洞去借扇,以灭火过山去,也使这里依时收种,百姓得安生。

行至翠屏山,遇樵夫得知铁扇公主乃牛魔王之妻,心知自己在火云洞擒住了铁扇公主的孩子——红孩儿,此番借扇定是困难。将实情告诉樵夫,樵夫劝悟空"大丈夫鉴貌辨色,只以求扇为名,莫认往时之溲话,管情借得"。于是他便硬着头皮去了。

到了芭蕉洞,铁扇公主闻听孙悟空来了十分生气,取兵器出洞来战悟空。可是她不是悟空的对手,于是使用芭蕉扇将悟空扇出了几千里。

悟空被扇至灵吉菩萨的小须弥山,得灵吉菩萨赠定风珠,复返回芭蕉洞找铁扇公主借扇。又一番战斗,他吞下定风珠,假装被扇走,变做一个

《西游记》火焰山剧照

小虫随铁扇公主进入洞中,恰逢铁扇公主口渴,他便飞到茶沫里,钻到了公主肚内,强迫公主将扇子借与他,公主受痛不过,便取了把假扇子给了他。悟空不知,回到火焰山,用扇灭火不成,经土地指点,方知所借到的乃是假扇。

🌿**迷糊老师点评**:《西游记》中的火焰山,原型是新疆的火焰山,是吐鲁番最著名的景点,位于吐鲁番盆地的北缘,古丝绸之路北道,它主要由中生代的侏罗纪、白垩纪和第三纪的赤红色砂、砾岩和泥岩组成。当地人称"克孜勒塔格",意即"红山"。

经典指数:五星　　　趣味指数:四星　　　推荐指数:四星

四、思维大转盘

1. 重温《西游记》，找一找与西域相关的地名或情节。

2. 借助网络平台，了解与西域相关的文化知识，并形成一份报告。

3. 搜罗与西域有关的传说（西域故事）、地理（西域的地理风貌）、历史（西域的发展历史）、人文（西域的人文景观），可以声情并茂地进行讲述，可以制作PPT，可以用音乐形式表达，也可以用绘画形式表现……

五、语言竞秀场

（一）介绍活动专题——穿越时空，遇见西域的美

1. 了解西域——何为西域。

对西域的地理位置有一个大概的了解。

2. 领略西域——人文景观。

小组合作，搜索相关的图片资料，配上恰当的文字，当一回西域的导游。

3. 阅读西域——《大唐西域记》。

全班分成若干个阅读小组，开展《大唐西域记》的阅读活动，并撰写一份读后感。

（二）微写作专题活动——畅游西域，留下最美的足迹

1. 唐僧带我游西域，请结合《西游记》中有关西域的内容选择一处场景，以唐僧的口吻写一下在西域途中所见所闻，200字左右。

2. 在唐僧带我游玩西域后，结合《大唐西域记》及课外收集材料后，以导游的身份写一份有关西域的导游词，200字左右。要求：用到抒情、描写表达方式，以及两种修辞手法。

六、活动延伸线

寻找那一段已逝的西域文化

1. 学生寻找和确定自己的研究专题。（参考课题：丝绸之路、楼兰古国、河西走廊等。）

2. 制订计划，做好准备。

（1）学生根据自己的兴趣、特长分组。

（2）各组制订活动计划。

（3）各组交流活动计划。

（4）师生共同探讨研究的途径及方法。

（5）各小组确定研究计划。

3. 调查访问,实践研究。

4. 各小组按计划通过各种途径查找资料。(如:上网查找资料,去图书馆查找资料,向历史老师请教,有机会进行实地旅游考察,收集与西域的有趣故事等。)

(1)教师关注各组资料储备情况,并随时提供点拨帮助。

(2)小组之间互动,资源共享,使资料查找途径及储备更完整。

5. 成果展示,体验成功。

(1)汇报本组人员分工、活动目标、活动经过、调研途径等情况。

(2)通过手抄报展示,投影展示,以研究报告或随笔等形式进行汇报。

(3)学生结合实践过程谈认识,谈收获,谈感想,谈建议。

七、开心学国学

丝绸之路的开拓者

张骞是西汉时伟大的探险家。他第一次自请出使西域,历经13年,足迹遍及天山南北和中亚、西亚各地,是中原去西域诸国的第一人。

当时,汉朝正在准备进行一场抗击匈奴的战争。一个偶然的机会,汉武帝从一个匈奴俘虏口中了解到,西域有个大月氏,其王族被匈奴单于杀死了。于是汉武帝想联合大月氏,以"断匈右臂",决定派使者出使大月氏。

张骞出使图

沙漠、雪山、绿洲,时而长风漫卷、飞沙走石,时而万里寂静。牧人的炊烟袅袅升起,直触云天,驼铃响过,这片大地又复天地开辟时的苍凉。这就是古代中国的西域:新疆及与之山水相连的葱岭(即今帕米尔高原)以西,直到中亚的巴尔喀什湖一带。

然而,要越过西域7000多千米流沙与荒漠,绝非小可,横越西域,既要有外交家的辩舌,又要有探险家的胆魄。宫廷用招贤榜的方式,向全国招募贤能之士。张骞义无反顾地应招了。张骞以郎官身份应招,肩负出使大月氏的任务。

公元前139年,张骞由匈奴人堂邑父做向导,率领100多人,浩浩荡荡从陇西(今甘肃一带)冒险西行。张骞一行一路逐水草、篝野火,躲避一切可疑的乱蹄踪迹,提防着随时可能发生的明攻暗袭。可是即便如此小心,他们还是一出甘肃临洮就与一队匈奴马队遇上了。除张骞和堂邑父被俘外,其他人无一幸存。

整整过了11个春秋。一个月黑之夜,张骞带上匈奴妻子和向导堂邑父,趁匈奴不备,逃离了匈奴。

他们沿天山南麓,经过焉耆、龟兹、疏勒,终于越过沙漠戈壁,翻过冰冻雪封的葱岭(今帕米尔高原),来到了大宛国(今费尔干纳盆地)。这里是中亚的一个富裕之邦,人口数十万,有70余城镇,盛产"天马"。大宛王早有通汉之念,所以欣然派出向导、翻译,护送张骞来到大月氏国,但是,此时大月氏的国情已发生很大变化。大月氏已在大夏建立了新王朝,改称"小月氏",事农耕,国富民强,时过境迁,对匈奴已无图报之志。张骞仔细考察了西域诸国的山川地理、城网市镇和民风民俗。他还来到这一带的大邦大夏国都蓝氏城,发现这里有高度集权的王室,民多事商贾,兵弱怯战。这些情况,张骞一一记在心上。

张骞在大夏等地考察了一年多后启程回国。归途中,张骞为避开匈奴控制地区,改道向南。他们翻过葱岭,沿昆仑山北麓而行,经莎车(今新疆莎车)、于阗(今新疆和田)、鄯善(今新疆若羌)等地,进入羌人居住地区。途中又为匈奴骑兵所俘,被扣押一年多。

公元前126年,匈奴内乱,张骞等3人乘机逃回汉朝。汉武帝详细地听取了他对西域情况的汇报后,十分高兴,封他为博望侯。

公元前119年,他又率队从四川出发,对中国西南地区进行了大规模探险活动,但因蛮人阻杀而失败。之后,他又以中郎将身份,第二次出使西域,取得了外交进展。公元前114年,也就是二次出使西域后一年,张骞病逝于长安。人们以"张骞凿空"四字概括了他出使西域的贡献和传奇的一生。

张骞出使西域后15年,汉朝军队在西域大败匈奴,控制了张掖、酒泉等关口,疏通了西域交通线。约公元前105年,汉朝派出了一个丝绸商队到达安息,使边境出现了中国与西域间的物产大交流。这就是著名的"丝绸之路"。

八、职场连连看

导游的形象塑造

(一)培养途径

1. 注重"第一印象"(从仪表仪容入手)。

2. 导游人员的谈吐。

(1)语言要文明礼貌,表达对旅游者的关心和尊重。

(2)内容要有趣、词汇生动,不失高雅脱俗。

(3)语速快慢相宜,亲切自然;音量适中、悦耳。

(二)导游维护

1. 导游员要始终坚持主动热情地对待每一位旅游者。

2. 善于与旅游者沟通情感,导游人员要从心底与他们建立友情。

3. 多向旅游者提供微笑服务、细致服务,使旅游者对导游产生亲切感。

4. 要多干实事,少说空话,做到言必信,行必果。

5. 做到处事不惊、果断、利索,给旅游者以安全感。

6. 要善于弥补服务缺陷,一丝不苟地做好送行工作。

(三)导游重要性

1. 有助于增强旅游者对导游的信任感。导游要在旅游者的心目中确立有安全感、可信赖、有能力带领旅游者顺利开展旅游活动的形象。

2. 有助于缩短导游与旅游者间的心理距离,最大限度地满足旅游者的需求,是实现优质服务的重要途径。

唐僧带我游西域
PPT

唐僧带我游西域
教学设计

唐僧带我游西域
练习题

唐僧带我游西域
微课

<h1 style="text-align:center">活动五　那一座城,那一段传奇</h1>
——跟着传说游绍兴

一、开讲啦

有一座城市,白玉长堤路,乌篷小画船;有一座城市,镜湖水如月,耶溪女似雪。她不仅仅是历代帝王兵戎相见的地方,也是浪迹江湖的文人骚客流连忘返之所。她有"山清水秀之乡、历史文物之邦、名人荟萃之地"的美誉。她的名字叫绍兴。

"悠悠鉴湖水,浓浓古越情。"绍兴是一座具有两千五百年历史的城市,城里的一砖一瓦、一桥一水、一花一石都渗透着文化的积淀,诉说着时间的故事,让我们一起走进绍兴,聆听属于她的一段段美丽传说。

二、活动项目

跟着传说游绍兴:一座小城,一段故事。走在窄窄的青石板路上,抚摸两旁的粉墙黛瓦,细看竹丝台门,远处的乌篷船在河上晃晃悠悠,河畔边三五妇人拉着家常。沈园、鲁迅故里、兰亭、大禹陵、柯岩……每一个地方都是一个故事,寻觅里弄小巷的传奇,游赏江南水乡的美趣。

三、审美广角镜

百草园里的传说——鲁迅《从百草园到三味书屋》

长的草里是不去的,因为相传这园里有一条很大的赤练蛇。

长妈妈曾经讲给我一个故事听:先前,有一个读书人住在古庙里用功,晚间,在院子里纳凉的时候，突然听到有人在叫他。答应着，四面看时，却见一个美女的脸露在墙头上，向他一笑，隐去了。他很高兴；但竟给那走来夜谈的老和尚识破了机关。说他脸上有些妖气，一定遇见"美女蛇"了；这是人首蛇身的怪物，能唤人名，倘一答应，夜间便要来吃这人的肉的。他自然吓得要死，而那老和尚却道无妨，给他一个小盒子，说只

百草园

要放在枕边，便可高枕而卧。他虽然照样办，却总是睡不着，——当然睡不着的。到半夜，果然来了，沙沙沙！门外像是风雨声。他正抖作一团时，却听得豁的一声，一道金光从枕边飞出，外面便什么声音也没有了，那金光也就飞回来，敛在盒子里。后来呢？后来，老和尚说，这是飞蜈蚣，它能吸蛇的脑髓，美女蛇就被它治死了。

结末的教训是：所以倘有陌生的声音叫你的名字，你万不可答应他。

这故事很使我觉得做人之险，夏夜乘凉，往往有些担心，不敢去看墙上，而且极想得到一盒老和尚那样的飞蜈蚣。走到百草园的草丛旁边时，也常常这样想。但直到现在，总还没有得到，但也没有遇见过赤练蛇和美女蛇。叫我名字的陌生声音自然是常有的，然而都不是美女蛇。

🍃**迷糊老师点评**：一段故事，一处园子，承载着鲁迅儿时的记忆。读这一段文字，我们似乎看到了年幼的鲁迅躺在长妈妈的怀里，听她讲这个诡异的传说。每每去百草园，总想着看到长妈妈说起的"美女蛇""飞蜈蚣"，在好奇与诡异中去感受这个充满趣味的、充满欢声笑语的百草园。

经典指数：五星　　　趣味指数：二星　　　推荐指数：三星

沈园里的爱情——陆游、唐琬的《钗头凤》

钗头凤

［宋］陆　游

红酥手，黄縢酒，满城春色宫墙柳。东风恶，欢情薄。一怀愁绪，几年离索。错，错，错。

春如旧，人空瘦，泪痕红浥鲛绡透。桃花落，闲池阁。山盟虽在，锦书难托。莫，莫，莫。

沈园

钗头凤

[宋]唐 琬

世情薄,人情恶,雨送黄昏花易落。晓风干,泪痕残。欲笺心事,独语斜阑。难,难,难!

人成各,今非昨,病魂常似秋千索。角声寒,夜阑珊。怕人寻问,咽泪装欢。瞒,瞒,瞒!

迷糊老师点评:《钗头凤》,道出了陆游与唐琬的爱情悲剧,也成就了沈园成为爱情胜地。在《钗头凤》中,我们看到了陆游与唐琬之间的缠绵爱情,也看到了两人不能相守的无奈与悲苦,一切的感情都融入那几个"错错错""莫莫莫""难难难""瞒瞒瞒"中。一对恋人,相爱不能相守,是沈园让他们重逢,也让他们尘封心底的情感爆发。

经典指数:五星　　趣味指数:四星　　推荐指数:三星

在白马湖的记忆——朱自清的《白马湖》(节选)

今天是个下雨的日子。这使我想起了白马湖:因为我第一回到白马湖,正是微风飘萧的春日。

白马湖

白马湖在甬绍铁道的驿亭站,是个极小极小的乡下地方。在北方说起这个名字,管保一百个人一百个人不知道;但那却是一个不坏的地方。这名字先就是一个不坏的名字。据说从前(宋时?)有个姓周的骑白马入湖仙去,所以有这个名字。这个故事也是一个不坏的故事。假使你乐意搜集,或也可编成一本小书,交北新书局印去。

……

(原载1929年11月1日《清华周刊》第32卷第3期)

迷糊老师点评:作为一个绍兴人,很惭愧,认识白马湖,竟源于朱自清笔下的《白马湖》。白马湖,传说源于有个姓周的骑白马入湖仙去,故得名之。朱自清笔下的白马湖如此之美,犹如一个清新脱俗的女子,让人流连忘返。故而携几个好友,择一日良辰,游一游白马湖,便是一件美事。

经典指数:四星　　趣味指数:四星　　推荐指数:三星

兰亭的雅致——王羲之的《兰亭集序》

永和九年,岁在癸丑,暮春之初,会于会稽山阴之兰亭,修禊事也。群贤毕至,少长咸集。此地有崇山峻岭,茂林修竹,又有清流激湍,映带左右,引以为流觞曲水,列坐其次。虽无丝竹管弦之盛,一觞一咏,亦足以畅叙幽情。

是日也,天朗气清,惠风和畅。仰观宇宙之大,俯察品类之盛,所以游目骋怀,足以极视听之娱,信可乐也。

兰亭碑林

夫人之相与,俯仰一世。或取诸怀抱,晤言一室之内;或因寄所托,放浪形骸之外。虽趣舍万殊,静躁不同,当其欣于所遇,暂得于己,快然自足,不知老之将至;及其所之既倦,情随事迁,感慨系之矣。向之所欣,俯仰之间,已为陈迹,犹不能不以之兴怀,况修短随化,终期于尽! 古人云:"死生亦大矣。"岂不痛哉!

每览昔人兴感之由,若合一契,未尝不临文嗟悼,不能喻之于怀。固知一死生为虚诞,齐彭殇为妄作。后之视今,亦尤今之视昔,悲夫! 故列叙时人,录其所述,虽世殊事异,所以兴怀,其致一也。后之览者,亦将有感于斯文。

迷糊老师点评:兰亭,因为王羲之成为书法胜地。兰亭,因为王羲之的《兰亭集序》,成为知名景区。在兰亭,我们看到文人墨客的曲水流觞;在兰亭,我们聆听闲人雅士的人生畅谈;在兰亭,我们邂逅那一山一水的清新自然。让我们一起在兰亭品读王羲之的《兰亭集序》吧!

经典指数:五星　　趣味指数:三星　　推荐指数:三星

四、思维大转盘

寻找有关绍兴的传说。利用网络资源,每个同学收集一个关于绍兴的传说。比如绍兴沈园、柯岩云骨、书法胜地兰亭等等,可以是景点的传说,也可以是绍兴特产的故事。

五、语言竞秀场

(一)我来述传说

每个同学整理自己收集来的传说,并能通顺有条理地讲述。

(二)我来评传说

将全班同学分成若干个小组,每个小组选择一个熟悉的景物,完善与之相关的民间传说。利用多媒体、网络制作PPT,并配上相关的图片。师生进行点评。

（三）我来写传说

绍兴是一座有着两千多年历史的城市，在漫长的历史长河中沉淀了许许多多的民间传说。然而，在岁月的更替中，这些传说或被湮没，或已残缺不堪，作为新一代的绍兴人，我们有义务有责任去挽救这些传说。现请你围绕你最熟悉的一处绍兴景点，写一个传说。要求500字左右，内容完整，叙述得当。

六、活动延伸线

当一个小小的导游

近日，我校将迎来一批来自省外交流考察学习的师生团，将征选几名优秀的学生做师生团的导游，负责对绍兴一些景点的介绍。征选要求如下：

1. 确定参观景点，做好景点线路图的规划并熟悉，了解景区内的各类注意事项。
2. 对景点做一个详细的文字介绍材料，比如它的由来、传说、历史、现状等各方面。
3. 进行活动模拟并录像，由师生共同评选最佳导游。
4. 对活动进行总结，并组织学生谈谈自己对导游这一职业的想法。

七、开心学国学

中国"四大民间传说"

（一）《牛郎织女》

《牛郎织女》是一个非常有名的中国民间传说故事，是中国人民最早关于星星的故事。南北朝时，任昉《述异记》里有这么一段："大河之东，有美女丽人，乃天帝之子，机杼女工，年年劳役，织成云雾绢缣之衣，辛苦殊无欢悦，容貌不暇整理，天帝怜其独处，嫁与河西牵牛为妻，自此即废织纴之功，贪欢不归。帝怒，责归河东，一年一度相会。"

牛郎织女七夕相会图

（二）《孟姜女》

孟姜女哭长城的传说在民间广为流传，其夫万喜良被魏王征召修筑长城（今卫辉与辉县交界的战国长城）劳累而死，埋于长城之下。孟姜女寻夫哭至卫辉池山段长城，感动天地，哭塌长城，露出丈夫尸骨。至今在卫辉池山乡歪脑村一带还流传其故事，山上能见到孟姜女哭塌长城的泪滴石。

后人唱道：

葫芦结籽生孟姜，喜结良缘遇范郎。

千古一帝秦始皇，拆散一对好鸳鸯。

范郎修筑长城死,孟姜哭倒长城墙。

贞烈女子性情刚,为保全节跳了江。

(三)《梁山伯与祝英台》

故事讲述的是上虞祝家庄才女祝英台,女扮男装赴杭求学,途中邂逅同时到杭州求学的会稽书生梁山伯,于是双双结伴到杭州游学,同窗三载,形影不离,结下深厚情谊。祝英台学成先归,两年后梁山伯到虞寻访祝英台时,真相大白,方知祝英台是女儿身,遂回家告知父母,意欲娶其为妻,不料此时祝英台已由父母之命许配给马家,梁山伯知后追悔莫及。

梁山伯与祝英台

三年后梁山伯出任鄞县县令,终因多年相思成疾,一病不起,死后葬鄞城西清道山下。梁死后第二年,祝英台出嫁途中,路经梁墓,风浪大作,闻此处就是梁山伯葬地之后,不禁悲从中来,上山祭奠。祝英台痛哭亡灵,情义感动天地,只见梁山伯墓突然地裂开一道口子,祝英台纵身跃入其中,同穴而死,两人魂魄化作彩蝶翩翩起舞。

(四)《白蛇与许仙》

据明末《警世通言》记载,传说南宋绍兴年间,有一千年修炼的蛇妖化作美丽女子叫白素贞,与其侍女青青(也称小青、青鱼、青蛇)在杭州西湖遇药店之王主管许宣(或名许仙),同舟避雨,一见钟情,白蛇逐生欲念,欲与书生缠绵,乃嫁与他,遂结为夫妻。婚后,经历诸多是非,白娘子屡现怪异,许不能堪。镇江金山寺高僧法海赠许一钵盂,令罩其妻。白、青被钵盂罩后,显露原形,乃千年成道白蛇、青鱼。法海遂携钵盂,置雷峰寺前,令人于其上砌成七级宝塔,名曰雷峰,永镇白、青于塔中。

七、职场连连看

导游职业素养指南

导游良好素质的标准:有理想、有道德、有文化、有纪律,可以将其归纳为思想素质、道德素质、知识素质、技能素质、心理素质和身体素质等方面。

(一)思想素质

爱国主义意识、服务意识。

(二)道德素质

健康的政治素质、良好的品德素质。

(三)知识素质

语言知识、史地文化知识、政策法规知识、心理学和美学知识、旅游业务知识、交通知识、海关知识、货币保险知识、邮电通讯知识、社会知识、国际知识以及卫生、生活等旅行常识。

（四）技能素质

独立工作能力、组织协调能力、公关能力、讲解能力、特殊问题的处理和突发事件的应变能力。

（五）心理素质

敏锐的观察能力、感知能力、冷静的思维能力、准确的判断能力、较强的自控能力。

| 跟着传说游绍兴 PPT | 跟着传说游绍兴 教学设计 | 跟着传说游绍兴 练习题 | 跟着传说游绍兴 微课 |

启　事

感谢昵图网提供了部分图片，书中还有一些图片联系不上著作权人，请著作权人获悉后与出版社联系。联系电话：0571-88904980。